一路陪伴到清北

周俞波 —— 著

北京联合出版公司
Beijing United Publishing Co.,Ltd.
·凤首

图书在版编目（CIP）数据

一路陪伴到清北 / 周俞波著 . -- 北京：北京联合
出版公司，2024.7
ISBN 978-7-5596-7541-5

Ⅰ.①一… Ⅱ.①周… Ⅲ.①家庭教育 Ⅳ.①G78

中国国家版本馆CIP数据核字（2024）第060990号

一路陪伴到清北

周俞波　著

出　品　人：赵红仕
出版监制：刘　凯　赵鑫玮
选题策划：晴海国际文化
责任编辑：蔺　鑫
封面设计：page11
内文制作：聯合書莊

北京联合出版公司出版
（北京市西城区德外大街83号楼9层　100088）
北京联合天畅文化传播公司发行
北京美图印务有限公司印刷　新华书店经销
字数141千字　880毫米×1230毫米　1/32　7.75印张
2024年7月第1版　2024年7月第1次印刷
ISBN 978-7-5596-7541-5
定价：48.00元

目　录

3　幼儿时期　　　035

4　小学阶段　　　063

5 初中阶段 101

6 高中阶段 145

前　言

　　2023 年 6 月，儿子周康即将完成他在清华大学计算机系的四年学业，接着要奔赴北京大学，继续五年的博士研究生学业。周末居家闲来无事，翻看着全家人这几年的照片，感慨良多，周康已经从青葱少年蜕变成略带含蓄儒雅的青年，眼神里渐渐有了深沉平和的气象，举手投足间多了些恬淡从容的气度。这些成长带来的变化，倒是抵消了我与妻这些年日渐老去的黯然。

　　莫道桑榆晚，为霞尚满天。我和妻都到了知天命的年纪，曾经的光荣与梦想早已远去，琐碎的生活和平淡的工作交织混杂，每一天在感觉上都是相似的，好像之前某一天的反复重现。让自己每天都快乐看起来不是件容易的事。好在有周康，他的成长平复了我和妻关于生活的许多曾经的缺憾，心境简单了，人生也就释然了。

　　记得是 2021 年的五一假期期间，妻的表妹夫妻二人来我家串门。表妹的儿子还不到两岁，她觉得在育儿方面身边的妈妈们已经吹响了战斗的号角，各种早教、早培讲座等让人目不暇接。表妹说，如今关于家庭教育的书或者视频，大部分都是所谓的专家写的，如同心灵鸡汤一般，看着好像很有道理，实践起来则一地鸡毛。表妹自己都有些困惑和无所适从了，年轻的她产生了害怕掉队、落伍的担心，开始焦虑自己是不是一个称职的妈妈。表妹建议我们，最好能整理一下这20多年来的家庭教育经历，把一些真正行之有效的理念，通过日常生活中一些触手可及的实践过程展现出来。这既是回忆过往，又能给年轻的爸爸妈妈们做一些借鉴，应该是一件很有意义的事。

日子就这样在疫情的反反复复中过去。宅在家里，无聊时翻看着旧时的家庭照片，我突然有了写点什么东西的想法。"却顾所来径，苍苍横翠微"，回顾孩子的成长过程，也是一家人互相陪伴的真实写照。岁月的流逝沉淀下来的，无非是家庭的温暖和家人的温情吧。于是静下心来，开始一行一行地码字。写作的过程首先是一个往日重现的过程，正好可以回忆一下我们仨一起走过的日子；其次是一个梳理的过程，从琐碎的家庭往事中找到跟主题相关的内容，再把它转变成为文字，也是一种乐趣。

断断续续写了两年，大约有十万字左右。我想，自己梳理的这些文字可以称之为回忆，也可以称之为心得吧。它既没有教育专家的系统理论，也没有成功人士的心灵鸡汤，通篇所谓的经验、体会、感想等，都来源于我的家庭的寻常生活，容易实践且成本较低，除了用心之外，不需要投入太多的时间和金钱。养育孩子的家长有兴趣翻看的话，可能会有一些同感或共鸣，但要想得到多数人的认同，却不是件容易的事。如果对年轻的父母读者能有点滴帮助，倒不失为一件快乐且有意义的事。

淮扬有道名菜"文思豆腐"，其品质关键有二，一是刀工，二是高汤。平淡无奇的豆腐经过厨师之手摇身一变，成了食客们青睐有加的美味佳肴。成功的家庭教育也和文思豆腐的制作过程有着神似的地方，读者们如有兴致，不妨到淮扬菜馆品味一二。

1

我的家庭

我们仨

我的小家庭是简单的三口之家。

我本人是70后，出生于南阳盆地西北的一个国家级贫困县农村家庭，祖上几代人都是农民，家族历史也是一穷二白，既没有祖荫也没有祖产，只是本本分分的老百姓而已。20世纪70年代，豫西南的农村还是一个比较封闭、落后的角落，人哄地皮地哄肚皮，家家户户吃不饱、穿不暖。日子虽然苦，但是大多数家长还是咬着牙把孩子送到村小学念书。让孩子不做文盲、不当睁眼瞎是家长的主要诉求，小学毕业能识字能算账就行。我的同学有十五六岁还在念小学的，也有毕业后就结婚成家的，他们后来四十出头就当上了爷爷奶奶。

和村里其他人不同，我的父亲是早年的高中毕业生，我的母亲也念到了初二。在那个年代的农村，他俩都算是文化人了。面朝黄土背朝天的生活里，他们尝尽了太多的酸甜苦辣，把全部的梦想和希望寄托在了儿女身上，即使再苦再累，也要供养姐姐和我读书，希望我们有朝一日能够洗去腿上的泥巴，过上体面的生活。我和姐姐都明白，上学念书的机会是父母用辛勤的汗水换来的，因此格外珍惜。虽然历经坎坷，但最终我俩还是通过念书改变了各自的命运，算是实现了父母的愿望吧。

记得是我小学三年级的暑假，母亲从村部借了《三国演义》和《隋唐演义》，教我囫囵吞枣地翻看完了。这是我第一次接触到真正的课外读物（连环画不算），我完全被书里的人物和故事吸引了。它们带我走出了小村庄，穿越在历史的天空下，把那些跌宕起伏的历史故事展现在我的脑海，阅读的魅力就此征服了我。后来，母亲还给我借到了《西游记》和《水浒传》等书。晚上，我和姐姐一起趴在煤油灯下读课外书，母亲在一旁做针线活，是我关于儿时记忆里最温暖、惬意的画面。

自此，阅读就慢慢成了我生活中追求的奢侈品，我享受阅读，乐在其中。升入初中后，我用零花钱先后订阅了《少年文艺》和《飞碟探索》两本杂志。高中时，我在县城的新华书店买了一套苏联人写的《二次世界大战史》，我拿着世界地图册，一边看书，一边在地图上查找地名和地形，脑袋里盘算着敌我双方的攻防态势，感觉很有意思。

后来，我先后念了两所大学，并于毕业后在一所高校从事行政工作。可以说，我的一生都离不开学校和阅读。如今，我家里的藏书大概有 500 本以上，文学作品、传记、游记、政治军事类居多。可以说，阅读改变和影响了我很多很多，至今仍受益无穷。

我的妻子出生于内蒙古自治区呼伦贝尔市牙克石市的伊图里河镇，这是大兴安岭山脚下一个美丽而让人神往的地方。她大学毕业后入职于海淀区的一家三甲医院，先后从事临检和机关管理工作。她无论里里外外都是一把好手，是好职工、好女儿、好媳妇，更是一位好母亲。

周康出生后，我们夫妻俩和孩子暂时住在岳父母家里。在岳父母的悉心照看下，周康一天天长大，一直到上小学才离开。与此同时，爷爷奶奶还在河南老家生活（奶奶已于2017年去世），或者春节期间他们来京，或者暑假时期我们回去。我需要让孩子明白，爷爷奶奶虽然不常在身边陪他，但也跟姥姥姥爷一样，是有血脉关系的亲人，也是有深厚感情的家人。

这就是我的家庭，虽然平淡无奇，却能从中品味到感动与幸福——既有曾经奋斗的身影，有携手前行的脚印，也有苦乐交融的生活片段，更有那理解包容、用心关爱的浓浓亲情。

1

我的家庭我们仨

2

婴儿时期

>>>

我们也是头一次做父母啊

周康是 2001 年 3 月在北京世纪坛医院出生的。第一次抱起孩子时，我紧张得浑身发抖，生怕把孩子娇嫩的皮肤给碰破了。抱起不到两分钟的时间，我已经大汗淋漓，衬衣都湿透了，比蒸桑拿还要透彻得多。这一幕我至今仍记忆犹新。之后我在医院陪护期间，妻子剖宫产的刀口还没长好，我需要给孩子换尿布。在妻的指导下，我这个新手爸爸战战兢兢地完成了任务。

出院后，我们一家三口直接住到了岳父家里。岳父家不大，有 60 平方米左右，岳父岳母把他们的卧室腾出来给我们仨，孩子的舅舅则可怜地被挤到了客厅睡沙发。白天孩子由姥姥照看着，我和妻下班赶到家一般都到了傍晚六点半左右。在生活上，绝大部分照顾孩子的事情我都帮不上忙，妻总是嫌我笨手笨脚的。于是，当孩子吃饱喝足、洗完澡、换

2

婴儿时期

上纸尿裤、躺在床上时，陪伴孩子就成了我最重要也最喜欢的工作了。

初为父母，除了喜悦，其实更多的是不知所措。养育孩子完全是一个全新的课题，带给你的不只是新感受，更多的是新挑战和新探索。即便老人告诉你再多的经验做法，你还是要通过实践来验证这些是否适合你的宝宝。不论是挑选不同品牌的奶粉、购买合适的辅食、洗澡、换尿不湿、换干净衣服等生活小事，还是何时入手孩子的教育以及如何入手，都是新手父母的新课题。正是因为有了孩子，我们才需要去学习、思考和实践，使我们尽快从新手成长为合格的父母。

我在读书期间曾经学过《教育心理学》，我认为，对孩子的教育越早开始越好。人们夸奖或者责怪某人时，常说"从娘胎里带来的"，这虽然有些夸张，但也说明了先天遗传的重要性。从孩子的母亲怀孕开始，我们就要从营养与健康、情绪与心态等方面给予足够的关注。母亲合理的营养和内心满满的爱，是孩子发育正常、健康成长的基础。

有心理专家认为，从孩子出生到 3 岁这段时间，是孩子与父母、家人建立依恋关系的关键时期。依恋是爱与安全等情感的起源，孩子一出生就处在一个寻找并建立依恋关系的阶段。依恋关系形成后，孩子与依恋对象在一起时会感到愉悦，他的内心里充满了快乐与轻松。

刚出生的孩子十分无助，他们只有通过与父母亲近，通过父母的气味、声音、抚摸、拥抱，通过父母施加在他们身体各类神经元上的刺激来与外界建立联系，获得本能的安全感。他们感受外界各种刺激、吸收外部各种营养，并做出各种反馈回应，他们的健康成长是外部各种要素合力的结果。

唤起和保持孩子的视觉、听觉、触觉、味觉等方面的灵敏性，是做好家庭教育的第一步。这些与生俱来的感觉，是多彩世界映入孩子内心的极其重要的桥梁。

我通常会坐在孩子躺着就能看到我的方位，摸摸他的手脚，跟他说话，给他学小动物的叫声、汽车的鸣笛声，让他听窗外的风声、雨声，牵着他的手让他感受运动的快慢，引着他的眼神跟着大人的手势走……我还买了彩球、手握棒、铃铛等玩具，在他面前晃动着吸引他的注意力，彩色的图画书也是不错的选择。俗话说"三翻六坐七爬爬"，但是妻子在孩子满月时就让孩子短暂地趴在床上，用手抵着他的小脚，孩子吃力地抬着小脑袋，累得满脸通红。

孩子姥姥家小区北边不远处，就是北京有名的海棠花溪，我和妻经常抱着孩子到溪边走走。时值暮春，熙熙攘攘的游人和满园的欢声笑语，引逗着孩子不停地转动着脑袋东张西望。我们给他看树叶的形状，摸摸树叶上的水珠，闻闻花朵的香味，看看爬上爬下的小蚂蚁，小小的户外游戏活动使得孩子目不暇接，新奇的感觉吸引了他全部的注意力。林语堂曾说过，幸福人生无非四件事，其中之一就是跟孩子做游戏。琐碎而又平常的日常小事，却储备了每个家庭真正的幸福源泉。

家教家教，家长先来教

儿童心理学认为，婴儿的语言能力很大程度上取决于环境与教育。如果大人平时多与他交谈，那么婴儿的语言能力就会发育得相对快一些。有理论认为，2～3岁是婴幼儿学习口头语言表达的关键期，同时也是教育孩子学习、做事有规矩的关键期。如果家长认为宝宝根本听不懂大人的话，说得再多也是无用功，因此较少与孩子交流，那么就会在无形中迟滞宝宝的语言发育能力，捎带着也推后了宝宝认知世界的时间。

当然，也有不少家长认为婴幼儿期正是孩子长身体的阶段，他安静地躺着睡觉、长大，不给大人添乱，多好啊。我们经常看到有老人或年轻的父母带孩子出门，老人们扎堆聊天，年轻父母则是低头玩手机，婴儿车里的宝宝安静地躺着或者酣睡。看护者与孩子没有太多的互动交流，只是尽到了保姆的责任，却疏忽了陪伴孩子、帮助孩子成长的义务。

人们常说，父母就是孩子的镜子，孩子的问题基本上能从父母身上找到影子。或者说，孩子最初其实是一张白纸，他最终呈现出的形象主要是由父母为主的家庭绘就的，绘画人关于构图、起形、框架、明暗面等方面的认识和技能，决定了这幅作品的质量与层次。有些家长面对孩子哭闹时束手无策，也不去琢磨孩子当下真正的需求是什么，索性播放手机视频给孩子看，等到孩子习以为常，慢慢地也就成了智能手机的俘虏。曾经看到过一则新闻，印度尼西亚有一个叫阿尔迪的两岁孩子模仿大人抽烟，起初是大人和孩子都觉得好玩，慢慢地发展到这孩子每天要抽两包烟。这实在是骇人听闻，让人无语。

总的来说，影响儿童成长与发展的因素有很多，其中遗传因素是生物前提，环境和教育因素则起着决定性的作用。特别是教育因素，在儿童的心理发展中起着主导作用。

❷
婴儿时期

儿童心理学专家指出，0～3岁是婴幼儿初步建立对外部的感觉以及与他人关系的时期，婴幼儿与父母等抚养人的关系则是其未来自我发展与人际关系的原型。老话说"3岁看大，7岁看老"，普遍认可的含义是指从3岁孩子的心理特点、个性倾向，就能看到这个孩子以后青少年时期的心理与个性的雏形。而 7 岁左右的孩子，其父母的价值观与判断标准都会在早期家庭教育中潜移默化地影响孩子的生活认知，孩子的内心已经形成了基本的价值判断。如果未来没有太大的外界影响，父母的三观就会被孩子固化成自己的东西，开始左右和支配孩子未来的生活。

众所周知，一个人的性格形成受到家族遗传、家庭教育、社会环境等多方面的综合影响。对于孩子来说，在他出生后还没有充分接触社会前，特别是婴幼儿时期，家庭教育对孩子的心理发展及其性格形成极其重要。

回过头来仔细审视，孩子大多数的不良习惯是在三四岁以前时就形成或者处于萌芽状态，譬如不达目的不罢休的哭闹，不知轻重、不听劝阻的摔打。这些基本上都可以归结为父母或者看护者由于种种原因在家庭教育方面的缺失，根源在于没有划定孩子必须遵守的基本规则，没有明确孩子应该具有的品德修养，没有养成孩子良好的生活习惯。好的生活习惯其实就是孩子开启人生旅程必须扣好的衣扣，既能为他面对未来的狂风暴雨、坎坷挫折提供最基础的自我保护，又能为他迈上新台阶、获取新成就提供最持久的身心支持。

扣好孩子的第一枚扣子：自主吃饭

人们常说，孩子的教育父母不能缺席，需要随时在线；人们也常说，世间的爱都是为了聚合，只有父母对孩子的爱是为了分离。雏鹰总要学会飞翔，唯有自强才能自立，从孩子的生活里适时退出，才能加快孩子的成长。

　　3岁时退出孩子的餐桌，培养孩子独立自主吃饭的能力，其实是帮助孩子扣好人生的第一枚扣子。

　　大部分婴儿在1岁前就断奶了，这时家长要开始循序渐进地准备辅食和主食来满足孩子成长的需要。细心的家长基本上了解了孩子在不同年龄阶段能吃什么、不能吃什么、喜欢吃什么、该吃什么，以及什么时候才是适合进食的时间……只有在足够了解的基础上，家长才能主导孩子"吃饭"这件事，在他成长的生物钟里嵌入时间和事件的刻度，才能在看似平常琐碎的成长岁月里，引导孩子形成规律意识，帮助他在他的人生中筑起第一道堤坝。

　　自己动手，丰衣足食。年轻的父母一定要及时培养孩子使用勺子和筷子的技能，多给孩子锻炼的机会，训练他手部的精细动作与视觉、大脑多方面的运动协调能力。一旦孩子能够自如地使用勺子和筷子，千万不要因为怕孩子把饭碗弄洒了或者吃得太慢而继续喂饭。父母还可以规定什么时间是吃饭时间，在吃饭时间不好好吃，即使再饿也只能等到下一次用餐，让孩子认识到不守规矩就要挨饿，自己对自己的吃饭负责，慢慢就能培养孩子自律的习惯。

暂不谈疾病与营养等特殊原因，对不少家长来说，平日里让孩子好好吃饭真是件头疼的事。我们经常看到大人拿着饭碗追着孩子喂食，其实是父母很少花时间彻底了解孩子的需求，没有分析孩子为什么不想吃。是他现在不饿？食物不合胃口？还是他现在想睡觉？抑或是他现在想玩耍？缺少了前期的感情积累和源头分析，大人们才不得不通过贿赂或者威胁来哄骗孩子，让孩子勉强张口、不情愿地吃几口。这种现象，其实是双方感情交流不够深入所呈现的冲突行为之一。

周康的姥姥经验丰富，在口味和时间上安排得很好。周康1岁多开始自己吃饭，除了刚开始偶尔会打翻饭碗、不能灵活使用勺子和筷子，之后很快就可以熟练地自己吃饭了。有些家长过于关心孩子的身体，担心孩子的能力，因此没有及早培养孩子自己动手吃饭的习惯，三四岁时还在喂养，以爱的名义把孩子长期圈养在温室里。这种情况特别在老人看护时尤为突出。通常来说，祖父辈是溺爱孩子的源头，在他们心目中孩子是家族未来的希望，他们因此很少拒绝孩子的要求，只要孩子高兴就好，孩子因此集万千宠爱于一身，慢慢地就会养成以自我为中心的利己主义思想。

扣好孩子的第二枚扣子：作息规律

组成日常生活的各方面行为习惯如同一条线上的珠子，彼此关联。充足的睡眠有利于儿童大脑的发育和身体的成长，而比较规律的作息时间也会有利于孩子树立起规则意识，对孩子安全感的建立也大有益处。尤其是到了晚上，如果孩子的作息时间与父母的作息时间吻合度较高的话，双方都能够得到比较充分的休息。按时入睡，基本上就能够保证第二天早上按时醒来。

孩子的生物钟逐渐与日升月落的自然之钟相一致，他的身体和精力都会处于良好的状态，就像春天一样，展现出蓬勃的生机。

建立良好的作息规律，其实也是对孩子自主性和独立意识的培养。有的孩子白天睡得过多，或者晚饭后玩得过于兴奋，甚至形成黑白颠倒，到了午夜时分还是精神抖擞，只要他不睡觉，就得有人一直陪着他玩。大多数情况下，年轻的父母一看到孩子夜晚哭闹，就抱在怀里晃悠，嘴里哼着摇篮曲或者讲着小故事，搞得父母第二天全是黑眼圈，外加一身的疲惫。孩子一哭闹大人就抱着，孩子潜意识里获得了自我安全的保障，但显而易见地也增加了对大人的依赖性。另外，有些孩子在尝到甜头以后，他的哭闹就带有表演与要挟的性质了。

我和妻上班走了，姥姥在家一个人带周康，她把孩子玩耍、吃饭、睡觉这三件事安排得妥妥的。尤其是下午睡觉的时间控制得刚刚好，我和妻下班到家后正好开始接手，抱着孩子在小区的公园和街巷里转悠转悠，跟他聊天说话，让他辨识颜色气味，感知冷热温凉，带他做一些适宜的游戏。晚饭后，我和妻会陪着他玩到八点半左右，接着就是俩人合作配合的讲故事时间。在九点前，孩子大多数时间就已经入睡了。除了半夜要加一次奶，一般到早上七点以后他才会醒来。

习惯养成后，周康之后的作息时间一直非常有规律。小学阶段他基本是九点入睡，初中时期后推半个小时到了9点半左右，到了高一，他自己调整睡觉时间到10点，高二又推迟半小时到10点半，高三则是11点。到了他去清华的那四年，学生内卷得厉害，学习压力相当大，但他基本上都能保证在12点左右睡觉。良好的睡眠意味着，第二天他能够有充沛的体力和焕发的精神投入学习和工作中去。

扣好孩子的第三枚扣子：划定边界

曾经看到过一则新闻，一个小男孩在东莞一家电影厅里踢坏了面积约 250 平的巨型影幕，据说赔偿金额在 18 万元以上，但是家长觉得这一脚 2 万块钱就足以赔偿了，结果双方互不认可。最终结局如何我没有再关注，但我觉得这孩子自由的脚终于撞到了现实的墙。孩子可能只是脚疼，家长就得心疼自己的钱包了。

对这个孩子来说，他可能从来没有意识到在电影院里到处乱跑、用脚踢屏幕是不对的。他的父母可能没有告诉过他，在公共场合应该遵守的行为规则是什么，恰恰相反，他们可能会觉得活泼好动是孩子的天性，是他们的自由。类似的事例在我们身边有很多，公众点评时绝大部分都会将原因归结到"缺乏家教"四个字上去。

通俗来说，家教意味着教化修养，与贫富贵贱并没有直接联系。它体现了一个人为人处世、待人接物的状态，既涵盖了最基本的是与非、善与恶、对与错等方面的边界，又包括了生活常识和事物发展演变的道理等，是父母能够给予孩子的最珍贵的礼物，也是孩子成长过程中最需要倚重的根基。全媒体时代，我们经常可以看到世界各地的熊孩子制造的各种破坏甚至祸端，不用说，其背后一定有着少作为或者不作为的父母，他们没有完全履行好或者懈怠了作为父母的责任。散漫地放养带来的后果，一定是孩子的自我放纵和家长的最终放弃。

自由放任和过度严苛都不是家长应该采取的方式。前者可能导致父母威严和尊重的丧失，后者可能导致孩子由于惧怕父母而形成胆小懦弱的性格特质。家长首先要有明确的边界目标和有效的落实手段，恩威并施，机动迂回，而不是直接下命令或者拳脚相加来让孩子听话。家长要始终明白，任何时候与孩子交流的前提都是建立在双方互相尊重和信任之上的。

不少家长总是带着"我当年吃了很多苦，现在可不能再让我的孩子吃苦"的情怀，他的孩子从小就过上了衣来伸手、饭来张口的生活，在家里是十足的小皇帝，出了家门照样横行霸道、唯我独尊。然而，孩子在家里是公主和王子一般的地位，一旦到了幼儿园或小学就会跌落人间，这种差距使得不少孩子感到沮丧和挫败。一旦这些孩子从一开始就给集体生活打上了不愉快的标签，他们未来的生活就少不了各种磕磕绊绊。

《三国演义》第 65 回，刘备自领益州牧后欲大赏群臣并拟定治理条例，诸葛亮进谏曰："宠之以位，位极则残；顺之以恩，恩竭则慢……恩荣并济，上下有节。为治之道，于斯著矣。"我觉得诸葛亮说得很好，治理国家的一些道理放到家庭教育治理中也一样好使。

《动物世界》节目里，不同种群之间的战斗往往都是围绕着食物与边界展开的，你死我活的争斗意味着边界对种群生存的重要性。不管你对自家的孩子有多么宠爱，你也一定要让孩子明白，父母有责任也有义务给他划分边界。当孩子挑战这种界限时，譬如爬到了桌子或柜子顶上，尝试用手摸电源插座等，家长要迅速、立刻、马上制止他，必要时甚至要有适当的惩罚措施。

另一方面，批评、责骂甚至体罚可能一开始还管用，但是时间久了也会造成亲子关系的疏远。当家长对孩子的信任度降低、孩子对家长的畏惧感增强时，二者之间实际上滋生了既依赖又对立的矛盾关系，随着孩子的成长，这可能会积淀一些难以磨灭的童年阴影和心理创伤。因此，划定边界应尽早，在孩子刚懂事的时候就灌输给孩子，会事半功倍。

家庭一直是培养孩子规矩意识、底线意识的主要阵地，也是培养孩子边界感和自律能力的最佳场所。

3岁以前是培养孩子明白道理、遵守规矩的最佳时间，孩子只有把家庭生活的事理解清楚了、处理明白了，他才能在进入学校后理解并遵守集体形成的规则，与周围的环境相适应，按照社会规则来完成自己的成长任务。一屋不扫，何以扫天下？试想，当你试图亲近一个儿童，而他却大声嚷嚷"走开，我讨厌你"，或者"啵啵啵"不停地向你吐口水……你心里一定在暗自安抚自己："幸亏这不是我家孩子。"

我也喜欢看那些"孩子静悄悄，一定在作妖"之类的短视频，譬如面粉洒一地、口红涂满身等，这些行为其实体现了孩子的好奇和探索等特质，与让人头疼的熊孩子是两回事。我认为，熊孩子的主要特点是无所顾忌，什么都不怕、什么都不在乎，他想要的只是自己高兴、自己满足。看护人由于种种原因溺爱孩子，家庭教育时很少给孩子划定界线，时间长了孩子就变得没有规矩意识和纪律意识，习惯以自我为中心。等他出了家门后，他在家里养成的不良习惯放到社会空间里，就显得尤为另类。譬如在饭店里独占自己喜欢吃的餐盘，家长不给手机玩就大喊大叫，达不到目的就发脾气、大声哭闹，甚至撒泼打滚、得寸进尺地要挟父母，喜欢支配别人，像小皇帝一样对谁都是颐指气使。这样的孩子，会逐渐变得蛮横、傲慢和难以管教。

我上班坐地铁时也经常遇到这样的孩子，父母甚至扒着他的耳朵恳求他、跟他谈条件，但他依然我行我素、毫不妥协。父母对孩子缺少指导与管教，等孩子到了少年、青年的年岁，社会一定会让他补缴不菲的学费的，18万的影幕赔偿事件就是一个例证。

小孩子天性好奇，好问、好动，对神秘的未知世界充满了求知欲。他们在探索世界的同时，也在试探家长的反应。家庭是他们触摸和了解世界的一个主要场所，也是孩子遇险和受伤害的高发地，这样的案例比比皆是。

周康1岁多的时候，我找了几个关于家庭用电、用气的视频给他看，跟他讲这些事物的危险性，然后再提出家里哪些地方是不能触碰的，带他到厨房看煤气灶的火焰，让他伸出小手指远远地感受一下火的温度……他听明白了，也看明白了。我们教导他的一些简单的行为守则，譬如收拾自己的玩具和图画书，把食物垃圾放到垃圾桶里，公共场合不哭闹等，他同样遵守得很好。在这个过程中，他得到了表扬和奖励。更重要的是，他在实践中逐渐形成了自己的安全感。

最近看到一则视频，女儿爱爬桌子，爸爸于是拿了一个鸡蛋，示范鸡蛋从桌子上滚下来摔得稀碎的场景，然后问："还上桌子不？"女儿连忙说："不上桌子了。"这位爸爸这样教育孩子，不但聪明机智，而且形象生动。

持续了几十年的独生子女政策，使得整个社会特别是城镇地区的家庭出现了深刻的变化。独生子女在家庭里没有兄弟姐妹的竞争和陪伴，集万千宠爱于一身，有的孩子就逐渐成了恃宠而骄、有恃无恐这两个成语的代言人。譬如摔打东西、不讲礼貌、毫无顾忌、任性而没有约束、自私而不懂得分享……如果家长放任自流，那么孩子未来的道路上可能不只是出现行为偏差那么简单，更有可能碰得头破血流。

修改后的《人口与计划生育法》明确了一对夫妻可以生育三个孩子，接着国家又推出了教育"双减"举措。我理解其核心的愿望是减轻升学压力，让孩子能通过综合素质的提升，获得百花齐放般的成功，因此也能够提升父母在孩子教育投入过程中的获得感和幸福感，减少压力与焦虑，进而可以多生优生，缓解国家发展过程中的人口压力。随着这些利

2

婴儿时期

好政策的落地开花，希望若干年后独生子女家庭的负面效应可以得到缓解，乃至最终消散。

和谐家庭，是最暖心的家教

2022 年高考结束后，江苏一个农村家庭引发了网友的大量关注。这家的三个孩子中，有两个先后考上了清华大学，另一个也考上了双一流大学。记者到这个家庭了解情况，才发现父母都是小学文化水平，为供养孩子读书，父亲常年在南方打工，母亲一直在家陪伴三个孩子。母亲说："我没什么学历，只能教他们怎么做人，教他们要诚实守信，待人有礼貌。"这位母亲很了不起，她实际上抓住了家庭教育最根本的东西——教孩子做人。

现如今，有不少家长指望学校和老师能够承担教育的大部分内容，指望孩子在学校能够改掉自身的毛病和缺点，其实学校教育在任何时候提供给学生的都只是底线教育，底线以上的精彩部分，恰恰是要依靠家庭教育的点睛之笔来协助完成的。

"幸福的家庭都是相似的，不幸的家庭各有各的不幸。"世界名著《安娜·卡列尼娜》开篇第一句话就概括了家庭关系的精髓——拥有一个幸福美满的家庭，是所有人的愿望和梦想。家庭关系是多样的、复杂的，但其最核心的是夫妻关系，夫妻关系的状况直接决定了亲子关系、双方家人关系的好坏。

有人形容和谐的夫妻关系是家庭的定海神针，这非常贴切。如果要给我们身边的和谐夫妻关系来幅素描的话，那么爱、信任、理解、担当、平等、宽容、孝顺等特质一定是必不可少的。

人的成长过程中，除了身体的自然成长，还包含着社会化的必然过程。家庭对于儿童的社会化起到了至关重要的作用，语言、文化、兴趣爱好、价值观念、行为准则、社会规范等，儿童会第一时间通过父母的言传身教得以传递授予和潜移默化。父母双方对家庭和社会的态度与责任，以及他们为家庭的幸福和谐所付出的努力，都会在儿童的心中一一投射映照。俗话说"上行下效，有样学样"，孩子从身体到心灵都是父母给的，他们不但继承了父母的基因，在他的身上还可以看到父母行为举止的影子，孩子的很多问题也都能从父母身上找到根源。

试想，父亲流连于觥筹交错、推杯换盏的场合，母亲倾心于美拍美妆、社交购物的生活，俩人在各自的朋友圈里逍遥自在，高兴时一片祥和，吵闹时雷电交加，家庭氛围以多云转阴为主，又怎么能够指望他们的孩子"出淤泥而不染，濯清涟而不妖，中通外直，不蔓不枝，香远益清，亭亭净植"？

一般来说，父母给孩子传授了什么，孩子一旦学会，可能也会在别人身上实施了什么。父母希望孩子今后做一个什么样的人，现在就要以与之相匹配的方式来对待孩子。

2

婴儿时期

对孩子的成长来说，家庭氛围和父母的性格是最重要的外部因素。

　　当你的家庭里充满了爱，让孩子感受到爱的温暖和光芒，他才会懂得去爱别人，才能够像太阳一样散发出爱的光芒，让别人也感受到他的温暖。

　　孩子是在父母的呵护下，从家庭出发开始接触世界的。这个过程需要夫妻双方"锄禾日当午，汗滴禾下土"般地辛勤耕耘与倾心投入，相互尊重，相互体谅，把平常的日子尽可能过得有滋有味一些。杨绛先生百岁时曾说过："夫妻间最重要的是朋友关系，即使不能做知心的朋友，也该是能做得伴侣的朋友或相互尊重的伴侣。"这句话其实道出了家庭幸福和谐的渊源。我和妻结婚二十多年来很少吵架斗嘴，偶尔生点小气倒是有的，也都是些鸡毛蒜皮的小事。更多的是互相体谅、互相帮助，家里总是欢声笑语、幽默打趣。这种轻松愉快的氛围使周康觉得，老爸老妈更像是伙伴和队友，交流多了隔阂就少了，亲情关系就更加密切了。孩子在家里始终保持着轻松愉悦的心态，父母才可以更好地陪伴他，引导他自由自在地成长。

　　所谓陪伴与成长，重要的一点就是年轻的父母要学习、要观察、要用心、要思考，养育的过程既丰富了自己做父母的经验体会，又收获了做父母的喜悦与欢欣。妻翻阅了不少养育方面的书，在照看、养护孩子方面非常尽心，给了孩子无微不至的关爱。譬如夜里给孩子换尿布、沏奶粉，她绝大部分时间都是自己动手，很少喊我起夜。妻观察着孩子每顿饭的食量增减和进食的状态，主食、辅食、水果甜点等及时跟进，变着花样做给孩子吃以补充营养，加上孩子不挑食，其成果就是——小时候的周康很少生病，每天都是乐呵呵地吃吃喝喝玩玩睡睡。

妻关注较多的是营养与健康等方面问题，我的主要任务则是陪孩子玩，跟他说话，讲故事，带他到户外做游戏、看风景、吃零食，不同的时节带他感受雨雪风霜、雷电星光，给他买玩具，陪他一起拆卸搭建等。在他眼里，家里家外都是快乐而有趣的，爸爸妈妈的笑脸是真实而温暖的。

婴儿时期陪伴大总结

养育 养育孩子完全是一个全新的课题，带给你的不只是新感受，更多的是新挑战和新探索。即便老人告诉你再多的经验做法，你还是要通过实践来验证这些是否适合你的宝宝。

备孕 从孩子的母亲怀孕开始，我们就要从营养与健康、情绪与心态等方面给予足够的关注。母亲合理的营养和内心满满的爱，是孩子发育正常、健康成长的基础。

预判 "3岁看大，7岁看老"，是指从3岁孩子的心理特点、个性倾向，就能看到这个孩子以后青少年时期的心理与个性的雏形。

吃饭 年轻的父母一定要及时培养孩子使用勺子和筷子的技能，多给孩子锻炼的机会，训练他手部的精细动作与视觉、大脑多方面的运动协调能力。

作息 充足的睡眠有利于儿童大脑的发育和身体的成长，而比较规律的作息时间也会有利于孩子树立起规则意识，还可以培养孩子自主性和独立意识，对孩子安全感的建立也大有益处。

家教	家教意味着教化修养，是父母能够给予孩子的最珍贵的礼物，也是孩子成长过程中最需要倚重的根基。
边界	不管你对自家的孩子有多么宠爱，你也一定要让孩子明白，父母有责任也有义务给他划分边界。划定边界应尽早，在孩子刚懂事的时候就灌输给孩子，会事半功倍。
榜样	父母是孩子的镜子。父母双方对家庭和社会的态度与责任，以及他们为家庭的幸福和谐所付出的努力，都会在儿童的心中一一投射映照。
传授	父母给孩子传授了什么，孩子一旦学会，可能也会在别人身上实施什么。父母希望孩子今后做一个什么样的人，现在就要以与之相匹配的方式来对待孩子。

2

婴儿时期

3

幼儿时期

>>>

梁启超先生曾说过"人生百年，立于幼学"，认为儿童教育是一个极为重要的关键阶段。在家庭教育上，梁先生言传身教、身体力行，创造出"一门三院士，个个皆才俊"的家教传奇。古今中外这样的例子虽然不少，但相对于我们普通人来说，这样的家庭和这样的父母毕竟是少数，高山仰止一番也就罢了。随着社会的发展，传统意义上的大家族基本上支离破碎，人们忙于生计，忙工作、忙赚钱，忙着处理各种各样的利益关系，渐渐地颠倒了家庭与社会的次序。如今，即便是一家人围坐在一起，手里拿的是智能手机，脑袋里装的可能还是业务、客户和应酬等。当年孟母三迁那样的情怀，如今几乎没有了可以重现的舞台。

长江后浪推前浪，一代更比一代强，中国人传统的想法就是希望两代人之间要青出于蓝而胜于蓝。年轻的父母设定培养目标时，总是希望把孩子培养成他们心目中喜欢、敬佩的那种人，或者实现他们当年未曾实现的梦想，过上比他们更好的生活。现实虽然不尽如人意，但有梦想总比躺平好。如果在孩子的成长过程中父母多下一些功夫，多关注一分、投入一分，多做一些浇水施肥、剪枝去虫之类的有益之举，春种而秋收，用心付出肯定会得到回报。对父母来说，家庭教育里未雨绸缪的事情多做一些，将来临渴掘井的困窘就会少一些。

哇哇哭的孩子和抹眼泪的家长

像我这样的 70 后，农村出身，孩提时没有上过幼儿园的不在少数。那时候母亲就是老师，田间地头就是没有围墙的幼儿园，投身于大自然的怀抱，倒也修炼出了好身体、好心态，吃饱穿暖是第一要务，其他都可以忽略不计。如今，国家的发展给农村和城镇都带来了天翻地覆的变化，衣食住行已经退居其次，孩子的教育问题俨然成了每个家庭的首要任务。

有心理专家研究指出，如果把人在 17 岁时测得的智商定为 100%，那么其中的 50% 在 3 岁前发生，30% 在 3～7 岁间获得，剩余的 20% 则在 7～17 岁间获得。也就是说，7 岁以前是儿童心智发展最迅速的时期。这个阶段内形成的习惯、性格，对人有终身的作用和影响。

如今，幼儿园是每一个孩子都要经历的进入社会的实习阶段。不同家庭背景、不同性格性情的 3 岁孩子开始脱离家长的怀抱，离开各自家庭，聚拢在一个新环境下，参与集体生活，接受集体教育，通过游戏和活动提高合作能力，形成集体观念，强化规矩意识，学会分享与沟通，学会与他人共处，为他们今后融入更为广大的社会奠定了一定的基础。

周康所在的幼儿园是安华里二幼，就在姥姥家单元楼的西侧。周康很小的时候，姥姥就经常抱着他在幼儿园的栏杆外看里边的小朋友活动，热闹的场景让周康兴奋不已。当时安华里二幼推出了入园渐进式体验项目，满2岁的孩子可以每天上午入园2小时，满2岁半的可以每天上午入园4小时（含午饭），3岁的孩子则可以全天入园。在我印象中，周康对上幼儿园从来没有抵触过。这个幼儿园里有他的几个好朋友和喜欢玩的活动，有时候放学后别人都走了，他还在园里玩得不亦乐乎，颇有乐不思蜀的境界。

每年的入学季，幼儿园门口总能看到哇哇大哭的孩子，送别孩子后自个儿抹眼泪的家长。有些孩子入园后不能很快适应新环境，出家门、入园门总是满脸愁容，放学时一看到家长就开始抹眼泪，家长呢也是一整天提心吊胆的，担心孩子吃得好不好、会不会被同学欺负、有没有老师的尽心照顾……这让我们这些过来人感到又好笑，又心疼。究其原因，问题还是出在家长身上。毕竟每个孩子在每个单独的家庭里都是太阳、月亮一般的存在，可以任性地独享所有呵护，而进入幼儿园后就要受到纪律、规矩的约束，还要与其他小朋友一起分享玩具、食物，甚至分享老师的关照，如果家长不及时抚慰引导，那么幼儿园对于可怜的孩子来说，就是一个令他不适且伤心的场所了。

总有新手家长没有做好前期的准备工作，匆忙地把孩子推向一个陌生的环境。看到孩子哇哇大哭，却以为是孩子的问题。然而，入园后要面对那么多陌生的人，要解决自己吃饭、上厕所、睡觉、穿衣等问题，还要学会听从安排、服从指挥等新事物，孩子那稚嫩的小脑瓜一时半会儿还真处理不了这么多复杂的外部事务，驾驭不了这个复杂的外部环境。再加上老师的严厉、个别同学的调皮，使孩子从对安全感丧失的惊惶无措迅速过渡到恐惧害怕，于是哭闹不止，乃至厌倦和反感入园。

所以，家长要给孩子足够的自我成长空间，要训练孩子在3岁前有一定的吃饭穿衣等生活自理能力，要多跟孩子讲幼儿园里小朋友好玩的、快乐的故事，多组织几次多个家庭的孩子聚会，让孩子对群体生活有期盼、有向往。如果有机会，还可以带孩子参加入园前的体验活动，必要时也可以跟幼儿园老师取得联系，提前做好应对。等孩子入园后，与老师多沟通，及时了解孩子在园的状态，对于孩子微小的进步都要及时表扬，帮助孩子慢慢爱上幼儿园。

每个孩子都应该有自己的玩具箱

20 世纪七八十年代的豫西南农村，到处都是天然无雕饰的田园风光。夏夜里，村落及周边到处都是星星点点飞舞的萤火虫。孩子只要愿意，可以从早上睁开眼一直玩到天黑，田间地头、小河池塘，到处都是乐园。只要不偷懒，还会有割草、放牛、拾粪、捡柴之类的小杂活等着你。虽然饥饿和贫穷束缚了我们的视野和想象，却给了我们这代人健康的体魄和吃苦耐劳、乐天知命的品性。

如今老家的农村已经用上了天然气、自来水、抽水马桶等，微信支付、外卖派送、抖音短视频等也拉近了城乡生活的距离。富足的生活条件和科学技术的引领，使传统的农村生活发生了巨大的变化，相信如今的农村孩子对快乐的感受，跟我们当年一定有着截然不同的内容和载体。像周康这样生长于城市的 00 后孩子，放眼望去，城市的天际线全是由高楼大厦勾勒出的轮廓，即便家长每周末都带他们去博物馆、动物园、郊区农庄，他们看到的也都是经过包装的社会化生态。不过时移世易，知识和经验并不一定要亲手操弄才能体验和获得，对于城市孩子来说，家庭游戏和不同年龄段的玩具箱也可以是获得知识和经验、快乐与成长的好帮手。

所有的孩子都应该有属于自己的玩具箱，玩具在儿童的成长过程中具有不可替代的作用。父母要注意选择那些鼓励儿童开展合作且有教育意义的玩具，它们大多拥有鲜艳的色

3

幼儿时期

彩、悦耳的声音、奇妙的形状、舒适的手感、灵巧的运动、组合变幻的方式等，对不同年龄段的孩子引发的好奇心和吸引力都是不同的。他们通过摆弄玩具来探索世界，用丰富的想象来勾勒自己的世界，验证自己的设想。通过游戏和玩具，既锻炼了孩子的观察力、想象力、创造力、逻辑推理能力等，又培养了孩子改造世界的能力。

毫不夸张地说，好的玩具可以在孩子的性格培养和认知发展中担当重要角色。譬如说，男孩对枪械、工程车辆、变形金刚之类的玩具爱不释手，就反映了他们对力量与速度、征服与改变等方面的追求意识，这也是推动未来世界前进的力量源泉之一。

随着孩子的成长，不同的年龄段对玩具的喜好也有不同的要求，喜新厌旧的特质在他们对待玩具的态度上尤其明显。家长要根据孩子对玩具的驾驭程度、情绪反应等，适当地更新、补充适合孩子的新玩具。如今市场上各类玩具琳琅满目，有些家长对新奇的玩具趋之若鹜，一看到"益智"的标签就迫不及待出手，还有些家长认为自家孩子能玩大孩子的玩具是聪明的表现，于是选择性地忽略了大龄玩具的危害性。这些年里比较典型的例子，是适合 14 岁以上孩子玩的磁力珠被低龄儿童误吞的悲剧，这极易引发肠梗阻或肠穿孔。诸如此类的玩具伤娃事件频频发生，所以家长还是要根据自家孩子的个性与能力等情况做出合理判断，合适的才是最好的。

当前市场上有不少高档电子玩具，由于智能化程度太高，孩子玩耍时往往成了看客，留给他们动手的空间很少，其实不利于孩子想象力的培养。还有一些诸如大型拼图、大型积木、九连环、魔方等类型的玩具，往往需要家长的陪伴和引导，但这些玩具可能家长都不一定会玩，孩子折腾了半天也玩不好，没有尝到玩具带来的乐趣却先收获了挫败感，不利于孩子自信心的培养。

我给周康买的玩具基本以可拆卸、可变形、可拼接类为主，手办、公仔摆件类几乎没有买过。周康对乐高积木类玩具有浓厚的兴趣，开始的时候是我陪他一起玩，到后来他已经不让我插手。他三岁时，就已经能拼搭出比较复杂的飞机坦克之类。他还会用积木、汽车模型、变形机器人等玩具在地板上摆出各种攻守阵势，嘴里念叨着自己才知道的台词，指挥着他的玩具部下搞兵棋推演，并乐此不疲。最重要的是，他在动手的过程中慢慢培养出了专注力和自控力，从最初的十多分钟到后来的一个多小时，他能够沉浸在自己的世界里，按照自己的想法，一步步去实现自己的游戏目标。

熟悉玩具组件，尊重游戏规则，用好自己手头的资源，能够自我控制时间，能够把过程和成果通过自己演绎的故事分享给大人听，我认为这才是游戏和玩具对孩子最重要的训练。

适当的家务劳动也是培养孩子动手能力的重要方式。在我小时候，母亲交代我最常干的事是剥蒜皮和择菜，稍大一些是擦桌子、扫地，是守着灶口添柴，再以后是割草喂猪等。穷人的孩子早当家，这些简单而琐碎的家务活使我明白，劳动是生活的组成部分，劳动的成果是需要倍加珍惜的。

　　如今的城市家庭，智能化、精致化的生活减少了人们在家务上的时间支出，大家终于可以随意支配自己的闲暇时间，能够把大把的时间和精力花在休闲放松、旅游度假、培养爱好等方面。但是也有家长和孩子发现，劳动也能使人快乐。譬如在大人监护下帮厨、做饭、打扫卫生、买菜等，这些不但能让孩子尽早掌握一些基本的生活技能，还能让孩子体会到家务事的烦琐与付出。一旦他花时间把桌子收拾干净了，他就会格外珍惜自己的劳动成果，绝不会随意把墨水涂抹在桌面或者地板上了。

　　小家务其实蕴含大智慧。孩子不但得到了动手能力的锻炼，还得到了家人的认可和赞誉，他小小的心灵沉浸在劳动带来的快乐中。这些人间烟火气息使他能够更早、更深刻地体会到柴米油盐酱醋茶的味道，因而可以在以后的人生中更有韧性、更能持久，也更容易调整心态去适应新的环境和挑战。

　　说易行难，我们其实并没有给周康太多这方面的实践机会，也就是收拾碗筷、整理玩具，偶尔洗洗自己的袜子等，并没有形成一定的规矩和惯例。好在这方面的一点欠缺，并没有在他后来的个性发展中留下明显的疤痕和缺憾，至少暂时还没有显露出来。

你的陪伴让孩子成为社交达人

走出家门参加户外活动对孩子健康成长的重要性是不言而喻的。阳光、雨露、春风、秋霜，大自然的各种形态、各种变幻，都应该让孩子亲身体验一下，既有冷暖和舒爽方面的感受，又有视听嗅触等方面的感知，在强身健体、增加孩子耐受力的同时，还促进了孩子的心智发展。

用心陪伴的家长，总是尽可能多地创造户外活动的机会。几个小朋友聚在一起玩耍，分享玩具、协同游戏，互相帮助、互惠互利，既锻炼了孩子的规则意识和集体意识，也有助于他们掌握与别人打交道的方式、技巧和分寸。孩子一旦懂得将关心和关注转移到别人身上，能够与其他小朋友友好相处，他们在群体中就不会感到孤单寂寞。成人世界里的一些交往规则在孩子的群体中也同样适用，那些以自我为中心的自私自利或者小霸王类型的孩子，很快就会形单影只，那些缺乏社会意识和社会情感的孩子，往往容易转变为后来的问题孩子。

公园、广场、博物馆都是孩子流连忘返的地方，其实街巷里弄也蕴藏着不少的民俗文化和市井百态。北京的停车位紧张，自行车就成了我带着周康进行户外体验和观察生活主要的交通工具。我家周边的动物园、海洋馆、天文馆、恐龙馆、五塔寺、紫竹院公园等都去了很多次，姥姥家周边的科技馆、木偶剧院、柳荫公园、海棠花溪等也没少去。除此之外，我俩还喜欢骑自行车走街串巷，到新街口附近穿胡同、钻巷子，去后海坐冰爬、骑冰车，到元大都土城逮知了、捉蜻蜓，到北京北站看绿皮火车，春节时往高梁桥下的冰面扔爆竹……在这个陪伴的过程中，孩子得到了新奇的体验，家长收获了陪伴的快乐。在亲情方面，我觉得双方都得到了浸润和成长。

一旦你体会到长久的陪伴带来的爱与快乐，而不是计较物质生活条件的简单提升，那么你对幸福的理解也会有新的认识。

带孩子参加聚会或者聚餐，也是孩子接触社会、培养社交能力的重要渠道之一。从两岁开始，我们一家外出聚会或走亲访友时，总要给孩子带上一小盒方便携带的拼插玩具和一两本适合孩子年龄段的图画书。大人们聊天说话的时候，周康就自个儿玩自个的，如果现场有其他小朋友，他还会邀请别人跟他一起玩。

我经常看到，年轻的父母带着孩子出门时都会带着水和纸尿裤，外加一两件寻常玩具，有的孩子玩腻了就开始哭闹、作妖，爸爸妈妈各种招数穷尽时，有的就会把手机拿给孩子玩。很小的孩子，拿到手机后眉开眼笑，点击和滑动都熟练得很。这时候大人和孩子终于能够和平相处了，大家皆大欢喜，殊不知就此埋下了孩子对手机的依赖与沉迷。我认为，年轻的父母要高度重视对孩子家庭以外的时间管理，譬如聚会、聚餐、旅行等，要提前考虑到孩子吃饭、睡觉以外如何玩耍嬉戏的问题。

有的家长可能会认为户外的环境不够干净，譬如空气有污染、地面有细菌、植物的叶子上有农药和小虫子、小动物身上会携带病毒等。即便把孩子带到了户外，也是湿纸巾、洗手液等全程呵护，不停地擦拭、清洗，"不要碰""不要摸""别扎手""别摔了""有危险"等更是经常挂在嘴边。如果孩子真的特别听话，那么无形中反而被隔断了与真实环境之间的交互。温室的花草有一天移到室外，必然经受不住大自然狂风暴雨的侵袭。

其实，家长不妨回看一下过去，那些小时候在农村长大的孩子，每天在泥水中玩耍，招猫逗狗，接触到的各种细菌、微生物不知凡几，反而很少因此得病，就是由于活动在一个看似"脏"一点、"有菌"的环境中，对孩子的免疫系统其实是一个很好的锻炼，身体由此产生了抵抗力。

2021年暑假期间，我们一家三口去山东长岛旅游。我们从蓬莱登船，轮渡途中身旁坐了姥姥姥爷外孙一家三人。

四五岁的小男孩想要走到甲板的栏杆处看海，姥姥坚决不让，"有危险"；小男孩想要跟其他孩子一样拿食物投喂海鸥，姥姥也不同意，"人多容易摔着，再说让海鸥啄到你，我可怎么跟你妈妈交代"。于是在甲板上最热闹的时候，这个小男孩反而在姥姥怀里安静地睡着了。姥姥还拿顶遮阳帽盖在孩子头上，小男孩连海风的湿润都感受不到了，更别提阳光、云朵、岛屿、浪花、水鸟组成的美不胜收的景色了。

电子产品猛于虎？不，苛"管"猛于虎！

2003 年春节前夕，周康快两岁了，家里的玩具和图画书的更新速度已经赶不上他的喜新厌旧，他身边已经有不少孩子整天捧着游戏机或 iPad。这时候，我家里也刚开通了 ADSL 拨号上网，周康对电脑和互联网的便捷非常好奇，经常坐在我们怀里看着电脑屏幕上一张张美丽的图片闪现……一个现实而紧迫的问题摆在了我和妻的面前：计算机及电子游戏的大门，对周康是完全屏蔽还是放任自流？是有限接触还是定时接触？接触和深入到什么程度？

我当时在学校的电信学院工作，这个学院招收的学生基本上都是高考时的高分学霸，但每年都有一定比例的学生因沉溺电子游戏而退学或延期毕业。看着家长来到学校哭哭啼啼地求情，我是打心眼儿里替他们感到痛惜。计算机技术和信息技术的发展是如此迅猛，洪水猛兽般席卷我们的世界，想要对孩子完全屏蔽是根本不可能的。既然躲不过，就要认真面对。毛主席词曰："敌军围困万千重，我自岿然不动。"在家庭教育上，父母要把孩子的教育问题放在重要位置，要用心去分析和思考，也要有足够的定力和自信，才能够掌控和把握事态的发展。

换一个问题来比照，人们在饮食上的习惯和喜好固然受到生活环境的影响，但个体的差异性一定是来自家庭，特别是家庭厨房和妈妈的味道。一日三餐谁都离不了，但是父母可以直接影响孩子的选择，环境也可以逐渐改变孩子的习惯。人们常说"父母的言传身教对孩子的影响至关重要"，教育最重要的一点就是引导，让孩子喜欢上营养又健康的食物，不妨从影响孩子的胃口开始。

我下班后骑自行车回岳母家时，会经过北师大出版社读者服务部。有一次时间尚早，我就进去溜达，凑巧看到了由北师大心理学部开发的益智软件《WaWaYaYa儿童综合能力培养》系列，这套软件包含6个科目（数学篇、语言篇、科学篇、社会篇、音乐篇、美术篇），每个科目按难度又分为4个阶梯（启蒙篇、开心篇、进步篇、成长篇），共计24张光盘，每张光盘中的互动游戏模块都不少于20种，画面观感也非常舒适，总体比较注重孩子情商与智商的全面发展，寓教于乐。譬如启蒙篇适用于2～5岁的学龄前儿童，以互动式学习为特色，通过有趣好玩的学习方式，鼓励孩子在充满挑战性的互动游戏中主动学习。

我先买了启蒙篇的几张光盘，回去后在家里的台式电脑上试看了一下。这套软件无须安装，光盘放入驱动器后就可以自动播放了，内容很有趣也很容易操作，移动和点击鼠标就能够完成绝大部分的操作。在我简单指导后，周康很快就喜欢上了。我跟他约好，每天玩电脑游戏不超过2次，每次不超过30分钟。同时，如果有参与家务劳动等值得表扬的行为，可以适当延长游戏时间；如果挨了批评，也会扣减游戏时间。周康比较自觉地遵守了我们之间的约定。后来我根据他的接受能力，陆续买了该系列后续的光盘。这套软件基本上陪伴了他整个学龄前时期，某种程度上也培养了他的契约精神。

　　不管是现实中的游戏活动，还是电脑中的游戏活动，儿童都可以在游戏中发展智力、锻炼意志、培养品德、塑造个性，使自己的心智得到比较全面的发展。

　　好的游戏活动对儿童来说，不仅是娱乐活动，也是一种学习，更是学习、观察、接触社会的实习窗口。周康在对游戏的接触与实操过程中，不但发现了电脑的神奇之处，也享受到了知识积累带来的游戏进阶的快乐。他的阅读与计算能力、观察与理解能力等都得到了提升，也强化了自己对科学知识的好奇心以及对社会万象的认知程度，这些收获对他以后顺利开启小学学业教育提供了无形的帮助。更重要的是，这也增强了他主动获取新知识、新体验的动力。

十几年过去了，电子游戏市场呈现出爆发式增长。据报道，2021 年上半年中国游戏用户就达到了 6.67 亿，游戏市场销售收入超过 1500 亿元，其中移动游戏销售收入份额超过 76%，主导着国内游戏市场。与此对应的是家长们眼花缭乱，对于游戏的选择是简单易学玩不腻，安装方便付费少或者免费。有些家长为了省事儿，直接把游戏下载到手机或者 iPad 上，孩子一哭闹，电子产品就送到了眼前。姑且不说游戏内容是否合适，但是让孩子把手机捧在手里，或者低头看 iPad，长时间观看不但儿童的视力不可避免地会受到损伤，而且对他们的颈椎和腰椎也会产生不良的影响，进而对孩子的身心造成严重而持久的伤害。

2021 年的《未成年人沉迷手机网络游戏现象调研报告》显示，62.5% 的未成年人会经常在网上玩游戏；90% 的家长反映孩子沉迷手机网络游戏后，脾气和性格较之前大不相同，暴躁易怒；81% 的家长表示因孩子长期沉迷游戏，对学业造成了很大影响；孩子因长期玩手机游戏导致视力严重下降的，占比高达 42%，部分长期玩手机游戏的孩子的颈椎、手指等关节也存在一定程度的问题；超过 35% 的父母禁止孩子玩手机后，面临孩子自杀、自伤或者离家出走等的威胁。

3

幼儿时期

新闻报道里也经常有儿童玩手机导致的极端事件，如4岁孩子玩手机上瘾，导致颈椎严重变形，以至于抬头都困难；6岁孩子因长期打游戏，玩成了"斗鸡眼"；9岁孩子久坐玩手机，导致静脉血栓。更有甚者，父母没收了手机后，9岁男孩转身跳下12楼……我们在扼腕叹息的同时，还需要思考导致这些问题的根源是什么。

儿童教育学家陈鹤琴曾说过这么一段话：人类的动作十之八九是习惯，而这种习惯又大部分是在幼年养成的，所以在幼年时代应当特别注意习惯的养成。习惯养得好，终身受其福；习惯养不好，则终身受其累。当父母或其他看护人没有足够的耐心或时间精力时，替代工具就有可能是手机，是游戏。爷爷奶奶辈的老人为了让孩子听话，或者是讨孩子的欢心，甚至会放任孩子玩手机。久而久之，孩子的快乐就慢慢被手机、游戏绑架了，这样的习惯可能会影响他相当长的时间。

心理学研究认为，儿童的生活方式通常在4～5岁时已经确定和固化。所以，家长需要未雨绸缪，及早做好引导工作，约定游戏规矩，圈定游戏内容，让孩子既能感受到电子游戏的快乐与魅力，又能习得知识与经验。只有孩子的整个游戏行为都在可控时间与地点的范围内，家长和孩子才能实现和谐共处，否则一定是鸡飞狗跳、两败俱伤的局面。

我还要特别建议：电子游戏最好安装在台式电脑上，不要让孩子在手机上就能轻易开启游戏之旅。

动画片，我和孩子一起看

我看过的第一个动画片，是在初中同学周少伟家电视（我家当时还没有电视机）上播放的日本动画片《玛雅历险记》，讲的是一只名叫玛雅的小蜜蜂寻找妈妈的故事。故事情节已经没有太多印象了，但是这只小蜜蜂飞过田间地头、林间小溪的身影却令人很难忘怀，有趣而唯美的画面也让人震撼。后来，我又陆续看了《铁臂阿童木》《聪明的一休》等，跌宕起伏的故事情节和主人公正义、智慧、侠肝义胆的品质，深深地吸引和打动了我。在我看来，优秀的动画片可以将知识性和趣味性融为一体，孩子在观看动画片的快乐过程中，既学习了知识、了解了社会、认识了世界，也培养了勇敢、友善、协作、助人等优秀品质。

好的动画片，不但可以开发孩子的想象力、创造力，还可以提升他们对外界事物的求知欲和探索欲。

3

幼儿时期

在周康小时候，我给他买过《猫和老鼠》《葫芦兄弟》《喜羊羊与灰太狼》《天线宝宝》《奥特曼》《倒霉熊》等动画片光碟，让孩子自己选择喜欢看的光盘，自己放到 DVD 光驱中播放，开机、关机、调节音量、快进等操作他也很快就学会了，看过后他还会把光盘小心地放入套袋里避免划伤。周康看动画片时很投入，属于沉浸式的那种，看到兴奋时还在地板或者沙发上蹦跶，或者扳着我和妻的脸要我们跟他一起看，听他讲情节发展。

闲暇时，我会和他聊一聊动画片里的人物和故事，譬如汤姆猫和倒霉熊为什么总是那么倒霉，喜羊羊为什么总是那么聪明勇敢，天线宝宝小波为什么那么可爱……他对这些话题很感兴趣，总是会努力用自己稚嫩的语言来归纳总结、表达自己的观点。你来我往之间，大人就很容易掌握孩子对于动画故事的理解能力，以及他的价值取向、表达能力等。当然，前提是大人也要对孩子看的动画片有足够的了解。你只有尝过汤的味道，才能告诉孩子汤的鲜美。电视播放的节目对孩子的吸引力不大，不过有时候我也会带孩子一起看《动物世界》或者旅游风光之类的节目，边看边给他作讲解。

大多数孩子都爱看动画片，但有的家长为求得一时的安闲，不加节制地、连续好几个小时地给孩子播放，看得孩子直揉眼睛、呵欠连天，再好的情节也吸引不了孩子的注意了。还有的家长把看动画片与好好吃饭联系起来，"好好吃饭，就让你多看一集动画片"，于是孩子在饭桌上千方百计地拖延，某种程度上反倒滋长了孩子以好好吃饭为由要挟大人的潜在可能。我有一个建议，播放动画片要尽可能在电视或者电脑上，iPad和手机等其他播放方式对孩子的用眼健康不利，会带来长期的、不可逆的消极影响。

当然，家长也要知道孩子在儿童阶段的认知并不成熟，培养他们辨别是非曲直和因果逻辑关系的能力也需要一个过程。因此，家长就需要加强与孩子的交流，并适当地加以引导，帮助他们提高欣赏能力和分析能力，学会辨别真实与虚幻、理想与现实的差别。曾经看过几则新闻报道，一是有孩子模仿《熊出没》中攀爬的情节，从六楼摔下重伤身亡，另一个是孩子模仿《喜羊羊与灰太狼》中的烤羊情节，最终导致另外两个小孩被严重烧伤，还有一个是孩子撑伞从楼上往下跳，导致骨折……孩子没有太多的辨识能力，对于新奇的事物只想着尝试而不会考虑后果。作为家长，不能等错误或悲剧发生时才追悔莫及。

3

幼儿时期

回顾与反思

1

　　生活总是充满了期待和希望，也总是再铺垫一些遗憾和怅惘。反思在周康入学前的家庭教育中，我和妻在两个方面做得很少：一是体育运动，二是艺术熏陶。

　　我俩都不是特别热爱运动和健身的人，困了累了更愿意坐着、躺着休息会儿，最多是下楼散散步。这种心态也影响了周康，他不像有的孩子那样一刻不闲地奔跑、打闹，感到累了他就停下来，自始至终也没有培养出对体育运动的兴趣。据说剖宫产的孩子运动技能差，我觉得是有些道理的。体育方面的不足带给他的影响，是他在小学、中学的成绩再好，也没有得过一次三好学生，区优、市优的称号就更不要想了。

　　有的家长在孩子很小的时候就引导孩子接触各种器乐、声乐或者绘画等，看着长大后的孩子能够在各种舞台上展露自己的风采，实在是让人羡慕。在北京，这类兴趣辅导需要家长投入相当多的时间和钱财，然而我和妻当时还背着房贷，工作上也正处于爬坡阶段，既没有相应的经济基础，时间精力上也没那么富裕，孩子的艺术熏陶也就撂下了，算是给孩子留下了一个小遗憾吧。不过，周康后来慢慢地喜欢上了音乐，高中时他会戴上耳机听歌，作为功课之余的放松方式。既然上不了舞台，做一名听众也挺好。

从二人世界到三口之家，孩子改变了我们很多。回顾过往岁月，我和妻既体会到了为人父母的艰辛，也品尝到了孩子成长带给我们的快乐。孩子是父母的镜子，从孩子身上能看到父母的影子。我们希望把孩子培养成为我们喜欢、敬佩的那种人，那么在日常生活中就要努力展现我们的美德。共同教育、共同陪伴，我和妻也因此有所进步，逐渐摒弃了性格中不成熟的部分。所谓成长，就是把一些不切实际的幻想抛弃，再从剩下的部分里沉淀出一些自己过去很少思考的内容，而这些恰恰是人到中年所独有的特质吧。

在我看来，陪伴孩子成长的过程其实也是作为家长的大人心智彻底成熟的过程。父母要在孩子面前展现智慧和勇敢、美德与修养，就要先尝试去拥有这些，就要拓宽自己的视野、夯实自己的积累、迈出自己的脚步、荡涤自己的心灵。唯有如此，父母所承担的家长、师长双重职责才能交相辉映，指引孩子跨越人生的一道道门槛。

在我看来，孩子入学前的这段时间其实是他一生中最重要的阶段。这既是智力发展的关键时期，又是习惯形成的重要阶段，就好像素描的起稿构图、确定形体比例一样，后续的工作都是在前期的基础上涂涂画画、修修补补而成的。在此期间，如果家长疏于关注孩子的成长与陪伴，"孩子高兴就行""小毛病！长大了就好了"，一时的放纵和自我慰藉，孩子的未来可能就会变成一幅自己看了都不满意的涂鸦之作。

在我看来，最好的家庭教育不是来源于父母的位高权重和家财万贯，而是家庭成员彼此之间能够感受到的爱与宽容、幸福与温馨，能够欣赏彼此的优点和成绩，能够包容彼此无心为之的失误和过错。成功的家庭教育必定是合力的结果，是父母和孩子共同参与、共同成长的结果。

《爱的艺术》是美国心理学家艾里希·弗洛姆半个多世纪前的著作，他对于母爱和父爱的论述堪称经典，概括起来意思是：母爱是极乐，是安宁，无须索取，不必报偿，母亲把婴儿带到这个自然世界里来，给予婴儿无条件的爱和关怀，起到了保障孩子生活安全的作用。而父亲则代表着思想的世界、法律与秩序的世界、游历与冒险的世界，他担负着教育孩子、引导孩子应付来到自然世界所面临的诸多问题的责任。我赞同弗洛姆的观点，孩子的成长过程中父母双方都要担起各自的责任，一旦缺位，就意味着孩子未来在某些方面会有或多或少的缺失。

补充一点，对于大部分双职工家庭来讲，照看孩子的任务多数时间是由爷爷奶奶或者姥姥姥爷承担的，老人带孩子既是传统的做法，也实属无奈之举，他们的一些育儿观念难免落后、陈旧，这时候就需要年轻父母和老人多沟通，共同育儿。隔辈亲的特点是重养而轻育，老人照看孩子的理念和行为习惯大部分还停留在他们年轻时的时代，多溺爱、放任而少教导，抖音里常看到诸如广场舞娃娃、麻将娃娃、象棋娃娃之类的视频，年轻的父母一定要关注这些现象背后隐藏的教育缺失问题。

幼儿时期陪伴大总结

空间 家长要给孩子足够的自我成长空间，要训练孩子在 3 岁前有一定的吃饭穿衣等生活自理能力，要多跟孩子讲幼儿园里小朋友好玩的、快乐的故事，多组织几次多个家庭的孩子聚会，让孩子对群体生活有期盼、有向往。

玩具 几乎所有的孩子都应该有属于自己的玩具箱。熟悉玩具组件，尊重游戏规则，用好自己手头的资源，能够自我控制时间，能够把过程和成果通过自己演绎的故事分享给大人听，这才是游戏和玩具对孩子最重要的训练。

家务 小家务其实蕴含大智慧。孩子不但得到了动手能力的锻炼，还得到了家人的认可和赞誉，他小小的心灵沉浸在劳动带来的快乐中。

社交 孩子一旦懂得将关心和关注转移到别人身上，能够与其他小朋友友好相处，他们在群体中就不会感到孤单寂寞。

陪伴

在这个陪伴的过程中，孩子得到了新奇的体验，家长收获了陪伴的快乐。在亲情方面，我觉得双方都得到了浸润和成长。这对于年轻的父母来说尤为重要。

游戏

只有孩子的整个游戏行为都在可控时间与地点的范围内，家长和孩子才能实现和谐共处。

动画

好的动画片，不但可以开发孩子的想象力、创造力，还可以提升他们对外界事物的求知欲和探索欲。

家庭

最好的家庭教育不是来源于父母的位高权重和家财万贯，而是家庭成员彼此之间能够感受到的爱与宽容、幸福与温馨，能够欣赏彼此的优点和成绩，能够包容彼此无心为之的失误和过错。成功的家庭教育必定是合力的结果，是父母和孩子共同参与、共同成长的结果。

3

幼儿时期

4

小学阶段

>>>

所谓童年，年龄范围一般在 6～13 岁，其实就是小学阶段，是人的心理发展的一个重要阶段。童年的人生经历，会逐渐固化为儿童的思维模式和无意识的惯性。冰心在散文《我的童年》中写道："提到童年，总使人有些向往，不论童年生活是快乐，是悲哀，人们总觉得都是生命中最深刻的一段；有许多印象，许多习惯，深固的刻画在他的人格及气质上，而影响他的一生。"

幸福的童年能给人带来更多的积极因素，潜移默化地影响人以后的生活。反之，有些人终其一生都走不出童年的心理阴影。

法国作家安德烈·莫罗阿曾经说过："什么是幸福的童

年呢？是父母之间毫无间隙，在温柔地爱他们的孩子时，同时维持着坚固的纪律，且在儿童之间保持着绝对一视同仁的平等态度。"这其实也指出了在孩子的童年成长经历中，父母应该坚守的责任和态度。

20世纪70年代末的豫西南农村没有幼儿园，娃娃们到了该入学的年龄，只要家里能交得起学杂费就可以上学了。同时，由于家庭困难而失学或者辍学的孩子也不在少数。当时的农村还没有通电，长木板两头拿砖头支起来就是课桌，学生要自带板凳和煤油灯，一周要上五天半的学，每天要上早自习、上午课、下午课、晚自习四个单元，一年有四个假期，除了寒暑假，还有麦假一周（收麦子）、秋假一周（收红薯）。有时候家里农活忙不过来，学生就请几天假下地帮父母干活去了。

那时候家长对孩子的未来没有太多的奢望，能完成学业、识文断字就行了。大部分教师也都是代课教师或者民办教师，教给孩子的知识也大致局限于此。没有课外班，没有补课，没有特长训练，更没有综合素质提升的说法，孩子们放学后就是玩耍和劳动，除了挂念吃食、新衣裳以及没完没了的农活，基本上没有什么烦恼……当时的小学还开设有成人扫盲班，大婶大妈们把这里当成了拉家常、扯闲篇的好去处。

到了现在，从幼儿园到小学，学习成了孩子生活的主要内容，学校成了他们的主要活动场所，他们的心理发展与目标需求都有了新的变化。孩子与父母沟通交流的内容和频率会随着年龄的增长而减少，与同学、伙伴的沟通交往则快速增多，有了秘密，有了悄悄话，这种变化和趋势是孩子融入群体生活、得到社会性发展的必然表现。父母要发现并注意这种变化，及时调节自己与孩子的相处方式，因势利导，继续做好陪伴工作。

孩子要上小学了，家长该准备啥

2007 年夏，周康终于从安华里第二幼儿园毕业，要升入交大附小（北京交通大学附属小学）了。开学前，孩子自己动手，把他的玩具、图书等做了整理，只保留了乐高拼装积木和可拆卸的车模飞机之类。奥特曼、变形金刚之类的玩具他已经确定不玩了，还有一些他早就看过的图画书，我就一起打包送给了年轻的同事。然后，我带着他去了趟西单图书大厦，他自己挑选了几本图书，我也买了几本估计他会感兴趣的书，外加一本《新华字典》。妻带着孩子去了附近的金五星批发市场，给孩子买了他喜欢的新书包、文具盒、饭盒、水杯等，全家都很盼望着开学那天的到来。

在那个暑假，我和妻跟孩子讨论了不少学校里可能发生的趣事儿，有时候也会让周康谈谈他对新学校的期待：可能会有新朋友跟他一起玩新的游戏；可能会有新老师带着他们学习新的知识；可能会有很多新鲜的事发生……总之，他对于上学很是期盼，总在猜想着大幕后边的舞台都藏着什么好玩的。

做一个快乐而阳光的孩子是我们对周康的期许。小学阶段孩子的快乐很简单，去动物园看猴子打架，到同学家吃生日蛋糕，看一部好看的动画片，跟同学在校园里疯跑……他们暂时还没有太多关于生活、理想和人生的思考。我始终认为，纯粹的快乐一定是建立在孩子德智体美劳各方面都比较均衡发展的基础上的。如果孩子在某一方面有明显的弱项，那一定会影响他们的心理均衡，他们也许会奋力抗争，也许会无奈接受，但在他们的内心深处，总会有那么一片小小的自卑阴影，使他们不能彻底快乐起来。

小学阶段就是培养孩子真善美的过程，让他们在成长过程中寻找快乐，做让自己快乐的事，心态上的快乐会影响他们以后的人生。

所以，我和妻没有给孩子设定任何目标，首要的是看孩子自己能否适应新的生活，譬如新的课程、新的纪律、新的同学、新的老师等。我相信，每一位家长都不希望看到孩子刚刚起步，就因为种种不适应而心绪不宁，不高兴、不情愿，把上学当成一件烦心的事。

小学学校的午饭曾被不少高年级家长吐槽，有住得近的新生家长心疼孩子，决定每天中午把孩子接回家吃饭。我跟周康计算了一下中午回家吃饭的时间成本，然后周康说在学校能吃饱就行，晚上回家再吃好的。之后，虽然我家距离学校只有三四百米，但他从没提出中午回家吃饭的要求，整个小学期间他也很少抱怨学校的午饭。我想，这大概因为：一是他对自己的选择负责，二是在学校吃饭的话，他可以有更多的自由时间跟同学一起玩耍吧。

　　2007 年 9 月 1 日，我和妻参加了交大附小的开学典礼。儿子穿着学校配发的新校服，头戴小黄帽，在队列里回头看着我们笑，那小小的身影让妻泪眼蒙眬。世界上所有的爱都是为了聚合，唯有父母对孩子的爱是为了分离。我们都明白孩子在一天天长大，但我们所能给予他的，不知道能否支撑他在新的队列里站稳脚跟、继续前行？

辅导作业不用吼，孩子都是亲生的

　　幼儿时期家长的重要任务，是培养孩子良好的生活习惯和健全的性格特质。孩子一旦升入小学，家长最重要的任务就是帮助孩子养成良好的学习习惯，同时培养孩子的学习兴趣，让孩子自个儿发现和享受成功的快乐。

　　好的学习习惯是孩子后续的学习得以良性发展

的基础，而浓厚的学习兴趣则是他们实现自我提升的内在动力。

　　周康在幼儿时期形成的阅读习惯给他带来很大的帮助。入学前，他已经能够保持每天半个多小时的自主阅读时间。我翻了翻学校配发的教材，觉得小学一年级的功课对孩子来说应该不是问题，于是我和妻商定，轻易不要给孩子辅导功课，让他自己解决所面临的学习问题。这是因为，一旦孩子觉得父母的帮助又省时又省力，他可能会产生星星点点的依赖性，这种依赖会慢慢侵蚀掉他刚刚建立起来的独立性。就像幼儿开始蹒跚学步时，适时的放手其实是双赢的选择。

　　我有意加强了在家里跟孩子的互动交流，给他讲我当年农村孩子的上学故事，讲我当年是如何处理听课、老师、同学、作业、劳动等方面的关系，在学校要听老师的话、上课时要专心听讲、作业要按时完成，等等。这些事父母都帮不上忙，该是自己的就要自己来做。我还跟他解释了"学生"就是以"学"为"生"，只有完成了学校的事，才可以在剩余时间里做自己喜欢的事，譬如看电视、玩耍、去同学家串门、到饭店美餐一顿等，这些都可以归纳为自我时间管理的问题。他似乎听进去了。我曾经认真观察他入学第一个月的行为举止，除了书包收拾得不是很利索，其他方面总体落实得还算可以。

自己的事自己干，对自己的行为负责，自己承担相应后果，这条家庭约定他遵守得很好。到小学一年级上学期期末，他基本养成了比较适合自己的学习习惯，一是课堂上能够听懂，二是作业能够保质保量、按时完成。这样一来，他就有了可以自己支配的时间，他可以制作班级小报，手绘一些他们同学间才能看懂的小漫画，或者在文具盒里偷偷准备几个可以带到课堂上玩而不被老师发现的小卡通图片或者小玩具……我和妻不过问、不干涉。从小学一直到高中，我和妻极少辅导孩子的功课，个别情况如听写、聊聊作文题目和帮助手工制作除外。

有的孩子做作业时心不在焉，注意力不集中，边写边玩，或者拖拖拉拉，没有自我时间管理的观念，到晚上快睡觉的点儿还在赶作业，家长因此被气得心脏病发作、血压升高的案例时有耳闻。我认为，核心的问题是孩子没有利用好课堂上的学习时间，对于老师讲授的内容有模糊或不明白的成分，面对家庭作业时就会有模棱两可的感觉。如果家长伸出援手，容易让孩子产生"不会没关系，爸妈会帮我"的依赖心理。

这一方面是因为，双方从一开始就没有讲清楚，学习是孩子自己的事情，家长可以引导、监督、陪伴，但是孩子才是主角，家长始终只是配角。另一方面，家长可能有迁就孩子的习惯，没有树立明确的家庭规则来约束孩子。譬如好好写作业，完成学校老师布置的任务后，才能玩游戏、看电视等。一定要给孩子讲清楚，只有在作业上花的时间越少，自己才能够有更多自由支配的时间。双方关于学习的边界不清晰，职责不明确，只要父母有越位的行为，孩子就一定有缺位的可能。

生活有规律，家长少操心

没有规矩，不成方圆。每个家庭既然是社会的有机组成部分，那么就必然要承担起社会生存法则的练习与培训的职能。孩子的成长和全面发展与家庭教育密不可分，他的言行举止、思想观念、品德与教养等，都决定了他未来的路能够走多远、走多好。

周康度过了快乐的一年级生涯后，我们对他学业等各方面的评价还算不错。但是我们也发现了一些小问题，譬如时间与效率管理比较差、劳动观念比较怠惰等。二年级刚开学时，为了培养孩子能有更好的生活习惯，我起草了一份小学生家庭准则，排列了一天的作息时间表。它包括完成学习任务、整理物品、个人卫生、家务劳动、看电视玩电脑、待人接物、读书计划等方面。周康看了初稿，觉得没有太大难度，譬如整理物品无非就是把书包、文具、鞋帽、红领巾、书桌等整理齐备之类的琐事。然后，一周七天都将完成情况记录在一张纸上，可以天天计分，周日算分，如果得分多、扣分少，还可以申请奖励，挺好玩的。

这个家庭准则作息时间表如下：

项目	具体要求	注意事项
起床	7:00 以前，做值日当天 6:50 以前起床	起床后叠被子，整理床铺
刷牙、洗脸	5～8 分钟，最迟应在 7:10 前完成	认真、干净
吃早饭	一般应在 7:30 以前完成	专心吃饭
准备工作	5 分钟内完成，一般应在 7:35 以前完成	鞋、外套、红领巾、帽子等
上学	应在 5～8 分钟内达到学校。上课时间认真听讲，回家后将学校情况及时告诉爸爸妈妈。多喝水	注意安全，不与陌生人搭话
晚饭前	回家后首先完成作业，此后方可看电视、看课外书、玩耍等	
晚饭后	完成作业，整理书包和文具一般在 8:00 以前完成	此后才能从事其他活动
睡觉	晚上 9:00	不蹬被，睡自己床

　　我把这个家庭准则作息时间表打印出来，用磁铁粘在冰箱门上，每周一张的计分表就放在旁边，由周康自己对照着给自己每天的情况打分。他头半年很积极主动地给自己打分，等快到三年级时，大部分要求都已经固化到他的日常行为里，他就渐渐失去了打分的兴趣。我们也表示理解，毕竟结果不重要，重要的是我们希望他在成长的过程中形成应有

的规则意识，并逐渐演化为他生活习惯的一部分。

当然，把生活中的各种行为都量化还是很难的，也不是我们做父母的初衷。我们主要的目的是给孩子一个导向性的指南，让孩子明白日常生活中应该遵守的行为规范。这就好像一块生铁，不经过这些规范性程序的淬炼，想做一枚螺丝钉都没有资格。"慎独"是中国传统文化一直倡导的个人准则，其意是指一个人独处时，即使没有人监督，也能严格要求自己，自觉遵守道德准则。其实这也就是现在大家所强调的自律、自驱力，孩子自律意识的养成，需要家长的关注与引导。

慎独的核心是头脑清醒、高度自律，家长和老师不可能总在身边，自我的约束和管理就必不可少，不管是家庭还是学校，培养孩子的自律意识都是一种长期的利好。

从三年级开始，我不再接送周康上下学，他在脖子上挂了钥匙开始自个儿出门和回家。为了强化他的独立能力，我跟周康协商后更新了作息时间表，增加的内容跟他自个儿上下学有关。到小学毕业前，他已经基本上形成了自己的作息规律。据我的观察，他对自己的时间能够较好地进行分配和使用，能够安静地写作业、课外阅读、制作小手工等长达半个小时以上。

做减法，找到孩子不喜欢的

在父母眼里，每一个孩子都蕴含着无限的潜能，都寄托着他们太多的希望。孩子仿佛洁白的画卷，只要足够努力，总能描绘出美丽的图案。00后的孩子绝大部分都是独生子女，被一群人宠爱着、关心着，期望以无限的可能。不少家长还会按照自己的理解和偏好，给孩子报各种各样的兴趣班，器乐、声乐、舞蹈、美术等，希望能培养他们的艺术兴趣，陶冶他们的高尚情怀，使他们身心愉快，始终散发着阳光少年的光芒。

我们也是如此。2005年初，我们在西南三环附近贷款买了套房子，经过半年多的折腾，总算在年底从交大社区搬到了丰台七里庄。新房子宽敞了不少，但压力也随之而来。虽然当时房子的售价每平方还不到5000元，可是对于我们这样的工薪阶层来说，每月算计着能还多少贷款、能剩多少生活费的感觉，着实让人难忘。2007年暑假，小区里有人开办了家庭少儿绘画培训班，妻想着秋天周康就要入学了，多学点东西没有坏处，于是咬咬牙从仅有的生活费里抠搜出了点钱，把周康送进了绘画培训班。然而，大概第三次课后老师告诉妻，这孩子不是画画的料，屁股坐不住，还把老师家里的一件小工艺品给打碎了。我们买了件一模一样的给老师送还，但内心还是沮丧得很：一条希望之路被孩子走进了草丛。

到了二年级的暑假（2009 年），周康早早地写完了暑假作业，新买的书也看得差不多了，妻不知从哪里看到了西城区少年宫声乐班的招生信息，就跟周康商量要不要去。他没有反对也没有特别期待，但一听说上课地点在西城区少年宫，市级文保单位，环境优美，他变得兴致盎然，于是三人一起到西城区少年宫报名。课程是每周一次，每次一个半小时，上课内容就是跟着老师的钢琴练习童声合唱。

北京的早晚高峰堵车是与中小学上下学直接关联的，所以为了便于接送，我们早在周康一年级下学期的时候又搬回了交大社区。

北京的夏天一向很热，我每天骑着电动自行车往返奔波接送他，送到西城区少年宫以后，还要在附近耗时间等他下课。大概是第四次课时，我提前 20 分钟到了教室外面，看到有家长扒在后门门缝处看上课情况，我闲来无事也凑到跟前。不看不要紧，一看之下气得我牙痒痒。课堂上其他孩子大都认真端着歌谱夹，和着老师的节拍一句一句跟唱，周康则把歌谱卷成了筒状，像单筒望远镜一样拿在手里四处张望。老师对此也不管不问、置若罔闻，估计她已经司空见惯了，被父母送来的孩子有不少是没有兴趣和喜爱的，因此只要他们不干扰其他同学就行。

下课后，我把周康带到少年宫的一个僻静角落，告诉他我已经看到他在课堂上的动作了。他很紧张，有些胆怯。我又问他，有没有兴趣继续学下去。他摇摇头说唱歌不好玩，他不想学了。我说，音乐有它独特的魅力，再说咱们已经交过钱了，能不能坚持学完？孩子勉强地点点头。此后的几次课，我不再跟孩子讨论音乐的事，只是把这个课外班当成一个他可以玩耍的去处，也不再介意他是否还会东张西望。课程结束后我和妻反思，觉得孩子的兴趣不在音乐、绘画等艺术类项目上，毕竟我俩自身都是艺术盲。于是，我们彻底放弃了培养孩子在艺术方面发展的梦想。

后来周康上初二的时候，有一天他回家跟我聊天，说他们同学总结了一句话："如果上帝为你关上一扇门，他一定还会用门来夹你的脑袋。"回想起当年对培养孩子艺术兴趣的放弃，我觉得还算是比较及时，比较明智的。在没有找到孩子兴趣点以前，倒是可以发现孩子不擅长的，或者根本提不起兴趣的领域。不妨做做减法，有舍才有得。有些家长总觉得只要投入就一定有回报，如果没有足够了解孩子的愿望和潜质，而是按照家长的愿望来打造孩子的未来，那么孩子在学习过程中就感受不到相应的快乐，最后的结局可能是双输而不是双赢。快手上有段视频，一个五六岁的小姑娘抱着琵琶边哭边弹奏。她的家长可能会想，我们的良苦用心孩子将来一定会懂的。也许吧，只是在当时乃至很长一段时间里，孩子并不会感到快乐和成就感。

做加法，乐在其中才是真兴趣

小学低年级的功课对于大部分孩子来说是很轻松的，尤其是在近些年持续减负政策的影响下，小学生的课外时间相对宽裕了很多。我理解的减负政策本意，是让孩子能够拥有更广阔的空间和更丰富多彩的课外活动，有更多的机会去拥抱大自然，去强身健体，锤炼品质。然而，这一美好愿望在遇到忙碌于工作的家长和局促的居住环境后，打了不小的折扣，大部分家长把孩子又交给了培训机构。虽然延迟放学和托管服务能够给家长提供一些照看方面的便利，作业少、作业容易也给孩子提供了更多的自由空间，但愿望虽然美好，现实却总是很骨感——双减并不是放松，孩子未来要面对的可能是更加激烈的竞争。譬如2022年的北京中考，满分660分，人大附中等几所海淀名校的录取分数线竟然不低于650分。用网友的话来形容，就是内卷已经卷到了天花板上了。

北京小升初的激烈程度大家有目共睹，学区房令人咂舌的价格也反映了家长的焦虑和期许。我们当年的政策还比较宽松，有坑班[1]、特长、点招[2]等特殊的招生渠道，我们的

1　坑班，是指部分公办初中学校自办，或者与社会培训机构合作开办小学生学科培训班，并通过考试选拔和预录优秀小学毕业生的行为。2014年教育部启动义务教育免试就近入学改革后，坑班被视为违规行为而被取消。

2　点招，就是掐尖招生，一些重点中学通过自办或合办培训班，以定期考试的形式选拔并提前录取一部分学习成绩比较突出的优质生源。它也属于教育部后来严禁的违规行为而被取消。

想法是未雨绸缪总比两手空空要好。记得是在周康三年级的时候，学校组织孩子参加了"走进美妙的数学花园"系列活动，周康得了个一等奖，参加数学建模小论文比赛又得了个二等奖。周一升旗时他走上主席台领奖，受瞩目、受表彰，一下子把他对数学的兴趣提起来了。妻趁热打铁，跟孩子商量后，从四年级开始给他报了一个数学课外班，好歹在闲暇时间也给孩子找点事做，看看对他的小升初能否有所帮助。从后来的发展来看，数学这个兴趣点看来是找对了。周康参加了学校组织的各类数学竞赛和活动，每次都能拿到奖励。站在学校的领奖台上，他很享受数学带给他的自信和荣耀。

周康对计算机的兴趣是从两岁多开始的，益智软件《WaWaYaYa 儿童综合能力培养》系列为他打开了一个神秘的世界。他知道计算机里蕴藏着无穷的智慧和好玩的东西，开始喜欢坐在计算机前面，用鼠标和键盘尝试操控。四岁多的时候，他已经能在 WORD 软件里进行复制粘贴操作，还可以用拼音敲打汉字，能使用画图软件在屏幕上涂鸦了。到了小学期间，他开始使用百度搜索来查找手工或者墙报的资料。

四年级时，学校在放学后开设了单片机课，周康也报名参加了。后来，在海淀区中小学生"世纪杯"计算机竞赛中周康获得了二等奖，他很高兴。这时候，他已经可以使用 BASIC 语言编写桌面显示小程序演示给我们看。这次获奖使我和妻有所感悟，我们觉得似乎找到了孩子的另外一个兴趣点。此后，我们给他报名了海淀区少年宫开设的信息学课外班，每周末一次课。这次的课外班他很喜欢，每次课后回到家里，他都会认真地完成老师布置的作业。截至小学毕业前，他先后获得了区赛一等奖两次，六年级参加北京市比赛取得了第 7 名的好成绩。这个成绩可以让周康作为特长生去任何一个市重点中学了。然而我们斟酌再三，最终选择了综合多学科发展，而不是专攻计算机特长，此是后话。

得益于周康的阅读习惯和生活习惯，他进入小学阶段后还是比较适应的，各门课程均衡发展（体育除外），我们和他也非常轻松地遵守了一年级时订下的协议：不辅导功课，不督促作业，自己的事自己完成，自己的问题自己承担。作业对他来说不是难事，每天想得最多的就是早点写完作业就可以玩自己的了。他写作业的效率确实很快，但是书写不够工整，到如今也没有太大改观。

孤勇者小孩，爱你孤身走暗巷

每两年间，我和妻至少会带着周康一起回老家河南南阳一次。即便已经到了 21 世纪的第一个十年，农村依然有连肉都吃不上的困苦家庭。村里、邻居家的孩子拿到周康分享的面包时的表情，他记得很清楚。我也跟他讲自己小时候上学的经历，吃不饱、穿不暖，每天有干不完的农活。也跟他讲同村小伙伴的不同际遇：有的同龄人小学毕业后就结婚成家，开始了真正的农民生活；我还在上大学的时候，有的小学同学已经有了两个孩子，日子过得很艰苦。贫穷、苦难对任何人来说，都是一本社会教科书。

回老家的见闻让周康开始懂得，做好自己的事对他意味着什么。我也反复告诫他，北京这么大，多的是达官显贵和商贾富豪，他们的后代一定会在很多方面比普通人的后代机会众多、捷足先登，要想在北京未来的生活中站稳脚跟，唯有凭自己的本事，父母只能帮忙解决一些生活上的小问题，至于他能够端什么饭碗、碗里盛什么饭菜，完全是自己的事了。

自己能够解决自己生存与发展的问题，恰恰是一个人内在自信与快乐的源泉。

对于成长中的孩子而言，自力更生既包括学习，也包括生活。从小学三年级开始，我把家里的门禁卡和钥匙用绳子串在一起，挂在周康脖子上，他自己上下学，学校离家也就四百米左右的距离，大人不再接送了。但是，孩子总是会丢三落四。有一天中午回家，我发现他把钥匙落在家里了。于是，下午放学时我提前来到学校附近，默默地跟在周康身后十米开外，一直跟到了我家楼下。我看到，他先是摸摸衣服口袋，再蹲下来翻腾书包，发现没有找到钥匙后，瞬间急得面红耳赤。我在他身后咳嗽了一声，他转身看见我就跟看见救星一样。经历过一次教训以后，他再也没有发生忘带钥匙的事了。

不过，有一次我下班回家，发现钥匙还在锁眼里插着，而周康在家里玩得不亦乐乎。那段时间正好北京传闻有入室抢劫的案件发生，因此他的马虎让我很生气，就问他知道错在哪里吗、该不该挨揍，他怯生生地回答说该挨揍。我告诉他，打屁股是为了让他长记性。三巴掌过去，孩子的眼里噙满了泪水。自此以后，我再也没有动手打孩子，他也再没有犯过此类错误。

三年级的暑假（2010 年），妻给周康报了一个上海世博会的四日游学活动。我们把孩子送到机场交给组织方，两人还担心他第一次没有父母陪伴外出，这几天的活动与食宿是否适应？后来还听说，当天飞机落地后临时更改了驻地，大巴车拉着孩子们夜里一点才到达新驻地昆山……几天后周康平安回来，开始给我们讲各种旅途趣事，看起来一切都好，我们的担心都成了多余。四年级的暑假期间，周康还参加了一个京郊五日的游学活动，他跟一帮同龄的孩子很快就从不认识到相处融洽。他们开始适应离开父母的生活，也发现了群体生活的快乐所在，这远比往日熟悉的饮食起居生活更值得他们向往和期待。类似的活动周康先后参加了不少。

交大附小有两个校区，三年级以前在北校区，距离我家四百米左右；四年级以后要去南校区，距离就远到了近两公里。这时正逢我要被派到河北黄骅工作两年多时间，妻上班又远，于是从四年级开始，周康需要每天挤公交车上学了。远远地，从五楼我家的窗户能看到公交站台，早高峰时周康背着书包、拿着饭盒和水杯，跟一大群人一起挤公交，瘦小的身影在拥挤的人群中时隐时现，我和妻也是感触颇多。等到他小升初进入北京一零一中学以后，他又开始了公交＋地铁＋自行车的交通模式，一天下来需要近两个小时的时间往返于家和学校。虽然这是家庭生活条件方面的无奈之举，但某种程度上也锻炼了孩子的独立意识。此是后话。

关于孩子的独立自主能力，孩子的姥爷也提起他早些年的一位年轻同事的十一二岁女儿，她参加外地的一场少年网球比赛，从比赛报名、订火车票、订宾馆乃至出发参赛，全程都是自己一个人处理。父母在北京上班，女儿独自在外地拼搏自己的梦想，实在让人钦佩。"爱你孤身走暗巷，爱你不跪的模样，爱你对峙过绝望，不肯哭一场"，风靡小学生的歌曲《孤勇者》也表达了孩子们对坚强、勇敢、奋斗、拼搏的向往，那种无惧风雨的孤勇精神，值得成年人为之赞叹和褒奖。

爸爸愿意听，孩子愿意讲

心理学上的沟通交流，是指人与人之间或团体与团体之间传递和交流信息的过程，通过交流彼此的观点、思想、意见、情感和态度等，达到共同的了解、信任与合作。它是一个影响和改变对方态度的过程，也是一个基本的人际相互作用的社会过程。

有效沟通交流的前提，是平等和相互尊重。

我一直期望能与孩子保持畅通的双向交流。那么，对孩子保持平等、尊重的心态之余，话题的选择和切入点就很关键，既要是孩子感兴趣的，又要能很容易地随着时间的推进而增加、补充新的内容。我选择在周康上学出门时，跟他说"一天快乐！"，来替代"儿子再见"这句话；等到他下午放学回到家时，我再有意无意地问他，一天下来感觉有什么高兴快乐的事。大部分时候他会告诉我，今天自己小测验得了满分，老师奖了朵小红花；自己写的小作文得到了老师的表扬；学校的午饭有炸鸡腿；同学谁谁谁不好好听课，被老师罚站了，等等。时间久了，他就习惯了每天回家要跟爸爸聊这个话题，可能在学校就会多观察班级和学校里发生的事，把他认为有趣、好玩或者值得自豪的事情拣出来讲给爸爸听，爸爸愿意听，他自己也高兴讲。小学生八卦一些，说明他在观察身边的事物，在收集整理信息并进行了分析判断，我认为这不是件坏事。再者，他愿意讲给大人听说明他信任大人，而信任也会让沟通更有效。

不夸张地说，我们父子间在"一天快乐"和"今天有什么高兴快乐的事"上面的交流，一直持续到他高考前。你问他答，你表扬他高兴，他知道家长在关心他、关注他，两人都很享受这个有关注、有反馈的交流过程。这种交流，使我这个家长能够间接了解孩子在学校的状态，了解他看待事物的态度和认知，更重要的是，这种持之以恒的交流其实也是一种心理暗示，提醒孩子在琐碎平常的日子里寻找并发现快乐，始终以乐观的心态来迎接生活。这很重要！譬如，他从来不给家人说学校的午饭很难吃，他会说今天午饭里的炒肉片挺香，而其他的很一般。一直到现在，周康都是一个乐观派。偶尔一次考试失误了，他在总结自己的问题之后，总是不忘安慰自己："大牛谁谁谁这次也考砸了，真的勇士，敢于直面考砸的人生！"他懂得如何宽慰自己，我觉得这很好。

　　后来他考上清华大学，新生报到时 2019 级"姚班[3]"开始报名，我征求他的意见，他说："不少国家级比赛的金牌大牛在里边，我不想进去给自己太大压力。普通班挺好，我更希望自己能够每天快乐一些。"这也是后话。

　　我和周康有效沟通交流的另外一个渠道，是阅读。阅读能够激发思考，培育孩子的心智。有人说，培养孩子的阅读兴趣，引导孩子爱读书是父母送给孩子最好的礼物，我深以

小学阶段

3　姚班，即姚期智班。它是由唯一一位亚裔图灵奖得主姚期智，于 2005 年回到母校清华大学开设的计算机科学实验班，目标是为中国培养最顶尖的计算机人才。

为然。在有限的时间里把丰富多彩、复杂多变的世界展现在他们面前，既丰富了他们对世界的认知，也促进了他们心智的成长。家长作为孩子最重要的启蒙者，根据孩子的年龄和接受程度，选择适宜阅读的书籍，是培养孩子阅读兴趣的关键所在。

大概是孩子六个月、能够自个儿坐起身的时候，我就开始给他购买图书了。从撕不破的彩色图画书开始，到后来的《发现之旅》《军事知识》《宇宙的奥秘》等，每年都要有几十本。选择买什么书，其实是考验家长对孩子的了解程度。我会根据孩子的实际阅读能力，来选择稍微高出他当前能力一点点的图书，这样他才会在阅读时遇到看不懂的地方来请教家长，双方有互动交流才是最理想的。周康四岁多时，已经能够囫囵吞枣地看《北京晚报》，奶声奶气地读给大人听了。

作为奖励，我会不定期地带他去书店，给他自行挑选图书的权利。西单、王府井、中关村等地的书店，我们轮换着去了好多次。买书的同时还能逛街，累了大人还能背着走一段路，再加上沿路的各种美食，对每一个孩子来说都是无法抵挡的诱惑。在书店选书的时候，我首先会阅读内容概要，有时候还会在网络上搜索一下别人对这本书的评价。

书买回来后，我一般要先粗略地翻看一遍，了解书中的故事梗概、人物形象等，预备着跟孩子交流读后感。等到孩子把这本书读完了，我再跟他聊起书中的人物、情节等，了解他是否真的看明白了。有时候我也会故意卖个破绽，把人物名字或者情节讲错，让孩子有机会显摆一把，高兴地纠正错误并把正确的讲给我听。在我看来，这未尝不是孩子展现才能与自信、不畏惧权威的高光时刻。

这种交流式阅读一直持续到现在。周康 2019 年领取入学通知书的时候，同时还收到了清华大学邱勇校长推荐的《万古江河》这本书，他在假期里很认真地看完了，觉得不错就推荐给我。我在阅读的过程中经常跟他闲聊起书中的人、事以及作者观点等，各自阐述各自的看法，不争论、不归一，也是一种乐趣。周康在大学期间自己也买了不少书，有些他也会带回家推荐给我读，譬如《枪炮、病菌与钢铁》《大国的兴衰》等，我则给他推荐了《雅舍小品》《夜莺》等。试想，当父子二人对同一本书里的同一个人物、同一件事的评价相差无几，而且经常如此的时候，你还会担心孩子的世界观、价值观、人生观有所偏颇吗？

当然，与孩子交流沟通的渠道还有诸如一起运动、美食、手工等多种方式。周末和假期，我会带他逛公园、商场并开启美食之旅，偶尔也会带他划船、射击、攀岩、坐碰碰车，或者在家里一起看动画片、看自然与探险类电视节目、下跳棋军棋、玩数独等。只有陪伴孩子的机会多了，孩子才会把家长当成朋友，无话不说、无话不谈，家长才能更容易地理解孩子的内心，把握孩子成长的态势，才能像园丁照顾芽苗一样，把亲子关系处理得恰到好处。

小升初，不打无准备的仗

2013 年 6 月，周康就要小学毕业了。当时的小升初政策跟如今大不相同，虽然按照就近入学的大原则，交大附小的学生大部分要通过派位升入附近的普通中学，但一些拥有特长或成绩优秀的学生也可以通过多种选拔方式进入其他重点中学。诸如人大附中、四中、一零一中学等北京市的重点中学，都可以通过特长、推优等方式招收优秀生源。十年过去，我们当时的选择放到现在可能已经不再适用，但不同社会环境下可以有不同的应对，没有哪个方法放之四海而皆准，家长未雨绸缪的规划与策略总是好的。

周康当时的情况是，升入五年级以后他的学习成绩还好，但体育只是及格线水平，此前学校的三好生、推优等他都没有资格。小升初已经迫在眉睫，妻很用心，提前把小升初的形势与政策都做了功课，然后跟周康坐下来详细聊了这个问题。俩人分析了他的优势和不足，让周康明白了他面临的形势。之后，在后面两年的三个学期里，周康在语数英三科上面的提升很大，对自己的学业状态也树立起了自信。

五年级暑假期间，北京一零一中学组织了一次选拔，周康的成绩进入了最后的 80 人名单（第 36 名）。到了六年级上学期，我们接到了北京一零一中学打来的电话，成功签约实验班，而且还不用缴纳任何费用。我还记得，周康当时首先拨通了他小学班主任杜老师的电话，师生俩都非常兴奋，接着他又给姥姥姥爷、爷爷奶奶打电话，成功的喜悦使我们感觉无比轻松、畅快。

此前，从五年级开始，周康在海淀区少年宫参加了计算机方面的课外培训，每周末一次，每次两个小时。他喜欢用所学的计算机语言编写一些简单的程序，每当程序运行实现了结果输出时，他总是喊我们到显示屏前观看他的成果。据说，海淀区参与计算机培训的学生有几百人，而参加市区两级学科竞赛的获奖概率只有30%。周康在区赛一等奖的基础上，六年级上学期又拿到了北京市信息学奥林匹克竞赛的一等奖（第7名）。很快，他先后收到了北京四中和首师大附中的入学邀请。

此时我们已经与北京一零一中学签约成功，我和妻考虑再三，觉得北京一零一中学的是实验班，学生应该可以综合性发展，而另外两所学校是以特长生编班的，孩子在计算机上投入太多精力，可能会过早地限定了他的视野，不利于孩子的全面发展和其他兴趣培养。最终我们选择了北京一零一中学，这个北京市校园环境最美丽的学校。

几年后，我闲来无事浏览百度地图街景，竟然在我家西侧的十字路口街景中，看到了当年我风雨无阻地骑车带着周康去少年宫的照片，让人唏嘘不已。

在跟北京一零一中学签约以前，我们也跟其他家长一样给周康做了简历，用于给各个市重点中学投递报名申请。其中，我们对孩子的评价是这么写的：

该学生学习成绩一直名列前茅，性格活泼、做事认真、乐于助人，爱劳动、讲卫生，在学校帮助信息课老师做好课前准备，帮助数学老师批改作业，帮助同学们解决疑难题目等，既是老师的"好助手"，也是同学的"好朋友"。在与他人交往中通晓事理，能够尊老爱幼、助人为乐，幽默风趣，是家长的"小帮手"和"开心果"。

积极参加班级和学校组织的各项社会活动，喜欢到户外观察、感受自然环境与社会生活。自主学习与自我控制能力较强，不管是在学校还是在家里，都能合理分配自己的学习与娱乐时间。

爱好广泛，计算机运用能力突出，曾与同学合作创建虚拟电脑公司并长期运行，在游泳、五子棋、计算机绘画等方面也各有所长。求知探究欲望强烈，创新意识与创造能力较好，擅长利用现有条件制作一些小手工、小创造，实践动手能力较强。

尤其喜欢阅读，个人藏书 300 多册，对科技及自然科学方面兴趣颇高，百看不厌，能够运用书本中的知识和经验，来观察和体会周围环境。

所在的家庭是一个和谐幸福、相敬如宾的家庭，落实了快乐学习、健康成长的教育理念。在自主学习、自我成长的过程中，希望能够克服毛糙、急躁的心态，更多地参与生活和劳动，积累和运用生活经验，同时适当增加身体素质的锻炼，为未来的学习、生活、竞争打下更坚实的基础，积蓄更多的力量！

这份简历是我动手写就，妻做了修改，周康看后有点羞涩，似乎觉得我们把他的优点写得有点夸张了。他自己做了一些小改动，然后彩印了十份，但最终只递出去两份，其中一份递给了北师大附属实验中学。等到周康提前拿到了北京一零一中学的录取协议后，其余的简历就搁置在了家里的角落。后来我们先后搬了两次家，只找到了一份留作纪念。虽然它并没有实际用到，但也记录了孩子的成长轨迹，以及我和妻陪伴孩子的爱的历程。

这份简历其实回避了周康体育运动方面的弱项，他的体质还可以，身体也健康，但体育考核成绩最好的也只是"良"。其主要原因在于，作为家长的我们没有在合适的阶段引导孩子去享受运动带来的快乐，没有发展出他体育方面的能力。从另一方面来说，这也逼迫我们在孩子别的兴趣和特长上想办法找突破口，以弥补由此带来的缺憾。体育竞技精神对任何一个孩子的成长来说都是不可或缺的，周康在之后的成长中还需要花大力气补好这方面的功课。此是后话。

回顾周康的小升初，我们算是比较幸运的，较早地发现了孩子的兴趣点，及时跟进将其发展成了孩子的特长，同时提前让孩子了解自己的情况和面临的形势，得以形成较好的自主学习状态，厚积薄发，最终实现了预期目标，家长和孩子皆大欢喜。近年来，社会上关于教育的心灵鸡汤层出不穷，一些所谓的专家也反复强调应试教育的弊端，引导家长给孩子快乐教育、快乐生活，对此我并不反对。但是，对于我和妻这样通过高考改变命运的人来说，相比他人拼人脉、资本和出身，考学是普通人最平等、最便捷的上升通道，只要你愿意学习、努力进步，就有机会。以当前的国情来说，还有比高考更公平的方法吗？

　　近些年出现的网络热词，诸如内卷、躺平，我的理解是：它们所反映的社会现象，都是基于激烈社会竞争带来的应激反应。信息技术变革、科技进步和经济社会的飞速发展，裹挟着每个人都在时代浪潮中跟跄前行，由不得你逃避或者旁观。你必然置身其中，必须能够驾驭自己，为自己插上有力的翅膀，才能在未来的天空飞翔。

回顾与反思 2

韩愈老夫子说"师者，所以传道授业解惑也"，其实点出了学习过程中"道""业""惑"的先后次序。陶行知先生说："先生不应该专教书，他的责任是教人做人；学生不应该专读书，他的责任是学习人生之道。"某种意义上说，是学校、教师，通过塑造孩子的心灵掌握着人类的未来。第二次世界大战后的德国十分注重小学教育，认为其主要任务是：唤起儿童多方面的兴趣，培养儿童的学习乐趣，促进儿童个性的全面发展。如今，德国是欧洲经济和科技实力最强的国家之一，其优秀人才和科技成果令世人瞩目，截至 2021 年，德国获得的诺贝尔奖达到111 人次。

对于孩子的成长来说，学校是不可或缺的重要场所，但是家庭教育也不能放松。在有些家长看来，上学是包治孩子百病的良药，孩子出现问题都是学校和老师没有尽到教育的责任，所谓园丁不就是负责修苗剪枝的吗？再说了，车到山前必有路，船到桥头自然直，孩子越长越大，毛病肯定会越来越少。持这样观点的家长不在少数。

暂且放下法律层面对学生与学校之间关系的诸多解读不谈，我个人认为：学生与学校之间实质上是一种委托教育管理关系，这种关系绝对不能等同或代替监护关系。对于学生而言，家庭教育和学校教育分工不同、侧重不同，家庭教育是生活教育，侧重于孩子的兴趣培养、性格塑造、道德塑形，学校教育则是社会教育，侧重于孩子的学习学业和社会技能培养，二者是不可以互换和替代的。

家庭教育和学校教育是通力合作、相辅相成的，家庭教育以德为先，学校教育以学为主，二者有重叠的内容，但侧重点不同又使二者有着不同的边界。然而，有些父母把德育交给了学校，把家庭变成了学生学业的第二课堂，导致孩子过度疲劳、兴趣丧失，甚至对学习产生厌恶心理。因此，帮助孩子健康快乐成长的重要原则之一，就是防止把学校教育复制到家庭里来，以保证家庭教育和学校教育的相对独立性。

某种程度上来说，学校是检验家庭教育成败的试金石。父母或监护人没有给孩子提前做好规则纪律、团结协作、快乐健康等方面的入学准备，孩子就会在学校里遭遇失败和挫折。有的孩子通过改变自己成功地适应了新环境，有的孩子试图改变却以失败告终，于是对自己失去信心，开始选择逃避，在内心深处给自己写下自卑的评语。

在父母眼里满是问题的孩子，他们一定会带着问题来到学校。在遭受了某些方面的失败与打击后，他们会认为自己没有办法在多数事情上取得成功，有的孩子会因此不再愿意去做任何积极有益的行动来改变现状，而本能的自尊心又驱使他们通过一些非正常的方式来赢得存在感、得到同学的认可与尊重，这种强烈的虚荣心驱使他们背道而驰，试图找到容易成功的捷径，通过消极、反向的行为来证实自己的能力。问题的积累使他们逐渐成了问题学生，譬如纪律散漫、厌学、叛逆等方面，其实都潜藏着人格方面的障碍。

孩子的成长之路并不总是一帆风顺，家长要避免在孩子出错的时候恶语相向。不断强调或者责骂孩子很坏、很笨，一些孩子便会信以为真，从"我真的那么差，真的那么笨？"逐渐过渡到"我就是那么差，就是那么笨"，从而选择逃避问题。等到他们开始接受学校教育，种种因素使他们渐渐地对取得好成绩不抱太大希望，一些家长难掩失望之情，指责孩子一无是处、毫无前途，孩子如果在学校继续遭受挫败，如果内心不够强大，反过来又一次验证了父母的断言，结果就是"我能怎么办？我没有办法了"，他们就会选择放弃改变自己，自暴自弃。

对此，家长的冷嘲热讽和不管不问只会使情况更加糟糕，不但会打击孩子脆弱的信心，而且会使他们的内心更加怯懦，削弱他们试图改变现状的勇气。一旦孩子在家庭生活中收获的大多是质疑和指责，他就会逐渐形成怀疑、嫉妒、自私等性格特质。父母和家人没有用爱来培养孩子，孩子往往就会有性格缺陷，而且这些缺陷会影响他们一生。犯罪心理学中有相当比例的案例溯源，都指向了最初的、缺乏爱与关怀的家庭。

回顾周康的小学生涯，我还有两条感受颇深的小建议：

一是轻易不要陪伴孩子学习。有人称之为陪读，我认为陪伴孩子学习是最糟糕的陪伴方式。这首先意味着父母对孩子的不信任；其次，父母手把手地辅导不但使孩子丧失了自主学习的机会，还使孩子产生了对外界帮助的依赖心理。家长给孩子必要的学习帮助是可以的，比如帮助他找到解决问题的办法。但是，家长一定要最大限度地把解决问题的过程留给孩子，让他接受挑战、接受挫折，分析问题之所在，而不是越俎代庖，剥夺孩子思考和实践的机会。有的家长可能会解释说，因为学校布置的作业太多了，孩子写到晚上十点多还没有完事儿，所以不得不帮他。我建议家长先仔细观察一下自家孩子的效率，看他是不是边写边玩，是不是心思不在作业上。在我们身边，这样的例子不在少数。

二是要让孩子写一手好字。不管是练毛笔字还是钢笔字，练字的过程可以磨炼孩子的意志与耐心，陶冶他们美的情操，而且正确的写字姿势和良好的写字习惯，也有利于他们的身心健康。反之来看，不良的书写习惯必然伴随着近视、斜肩、驼背等现象，对孩子的身心健康影响长远。另外，优美整洁的书写除了让人赏心悦目，无形中也能赢得一些优势。例如，语文考试阅卷中会有5分的卷面分，就是书写分。更别说在未来的职场生涯中，一手漂亮的书写字也是年轻人赢得机会、获得成功的台阶之一。

小学阶段陪伴大总结

沟通　孩子与父母沟通交流的内容和频率会随着年龄的增长而减少，与同学、伙伴的沟通交往则快速增多，有了秘密，有了悄悄话。父母要发现并注意这种变化，及时调节自己与孩子的相处方式，因势利导，继续做好陪伴工作。

合群　他跟一帮同龄的孩子很快就从不认识到相处融洽。他们开始适应离开父母的生活，也发现了群体生活的快乐所在，这远比往日熟悉的饮食起居生活更值得他们向往和期待。

独立　学习是孩子自己的事情，家长可以引导、监督、陪伴，但是孩子才是主角，家长始终只是配角。一旦孩子觉得父母的帮助省时又省力，这种依赖会慢慢侵蚀掉他刚刚建立起来的独立性。

慎独　慎独的核心是头脑清醒、高度自律。家长和老师不可能总在身边，自我的约束和管理就必不可少，不管是家庭还是学校，培养孩子的自律意识都是一种长期的利好。

减法 在没有找到孩子兴趣点以前，倒是可以发现孩子不擅长的，或者根本提不起兴趣的领域。

加法 站在学校的领奖台上，受瞩目、受表彰，一下子把孩子对数学的兴趣提起来了。我们觉得，似乎找到了孩子的一个兴趣点。

快乐 小学阶段就是培养孩子真善美的过程，让他们在成长过程中寻找快乐，做让自己快乐的事，心态上的快乐会影响他们以后的人生。

交流 期望能与孩子保持畅通的双向交流，那么，对孩子保持平等、尊重的心态之余，话题的选择和切入点就很关键。它既要是孩子感兴趣的，又要能很容易地随着时间的推进而增加、补充新的内容。

阅读 培养孩子的阅读兴趣，引导孩子爱读书是父母送给孩子最好的礼物。根据孩子的年龄和接受程度，选择适宜阅读的书籍，是培养孩子阅读兴趣的关键所在。

5

初中阶段

　　我还记得，20 世纪 80 年代南阳农村的物质条件仍然比较艰苦，还处于能吃饱但吃不好的阶段。我所在的公社初中离家有 5 公里，我一周回家一次，期间能够短暂地离开父母的视线范围，当时觉得是件很美妙的事。学校的食堂大灶基本以素食为主，早饭晚饭都是馒头和玉米糊，午饭是糊汤面，炒菜很少且很贵，于是大部分学生每周都从家里带一些罐头瓶装的咸菜，有腌萝卜干、腌蒜薹之类，我还曾经吃过馒头蘸酱油……三间屋子的学生宿舍里搭着两排大通铺，能睡三十多个孩子，大家对虱子、跳蚤、臭虫之类已经习以为常。

　　即便如此，我依然感觉自由了很多，撒了欢地各种疯玩，小学时的三好学生摇身一变，成了多门任课老师眼里的捣蛋鬼，学业与功课都是捎带的事，父母越劝说越不爱听，初二时还被父亲揍了一顿……青春期的叛逆使自己付出了巨大的代价，中考时重点高中县一中没考上，跟跟跄跄地去了县三中。虽然后知后觉地在三中奋起直追，最后也考上了大学，但是一回忆起少年时光，到现在也是忍不住一声叹息。

2013年9月，周康升入北京一零一中学，进入初一的实验班。一零一中学是北京市重点中学，毗邻圆明园，风景秀美，学校南门向南是北京大学西门，向东则是清华大学西门，地理位置得天独厚，学校的一些学生实践活动也经常在清北两校和圆明园组织开展。美中不足的是，学校距离我家有近10公里的路程，周康上下学都需要坐地铁四号线然后换乘公交车，全天下来在交通上要花费约两个小时。周康要早上6: 15左右起床，6: 40就必须出门，出圆明园地铁西北口后还要骑一段自行车，否则就可能迟到，我记得他光自行车就丢失过两辆。这样的行程从初一开始，周康坚持了四年，一直到高一暑假我们在北大西门蔚秀园租房为止。不过，这四年的通勤经历也让他见识了多彩的芸芸众生相，体会到丰富的生活滋味。

吃过黄连，才知道苦的滋味。曾经的求学经历使我明白初中男生的进退空间之所在，我和妻没有因为周康顺利升入初中而且是实验班而沾沾自喜，相反，我俩都知道他所在的班级里高手如云。一条新的赛道在周康脚下延展开来，他是否能够融入、适应乃至站稳脚跟？我和妻虽然对孩子报以足够的自信，但终究不能越俎代庖。

孩子的成长，总是伴随着空间的拓展和更多的自由，况且青春期的孩子还会遇到许多特殊的情况。家长除了做好后勤供给和潜心陪伴，理解、尊重、鼓励才是初中阶段孩子最需要的。

青春期，当好孩子的麦田守望者

我觉得，初中阶段特别是初一是比较特殊的。孩子既要面临身体的成长与青春期的潜在影响，又要面临与小学时期完全不一样的学习内容和学习方式，同时还要面临建立新的朋友圈、赢得尊重与自信等方面的渴望。虽然这些是每个孩子成长过程中都必须勇敢面对的，但是来自家庭和父母的陪伴、关怀、关注与肯定，一定是孩子最坚强的后盾。

青春期的孩子可能会出现很多和小学阶段不一样的变化，比如敏感、冲动、烦躁、逆反等。有些家长如临大敌，早早就设计好了应对策略，预先搭起各种场景，等待着跟孩子在舞台上唱对手戏，期待着暴风骤雨之后还是风和日丽的好天气。父母的初心都是为了孩子，但如果跟孩子的沟通交流很少或者浮于表面，甚至唠叨、责备、贬低、否定等现象在父母身上频繁出现，孩子在内心深处就会跟家庭和父母渐行渐远。这时，他就有可能向家庭以外的世界里寻找自己的自由和安全感。

我们还是延续了周康上小学时的习惯，早上上学时我会说"一天快乐"跟孩子再见，晚饭前借这个话题跟孩子聊天，听他讲学校和班级里的故事。一如从前，当这样的交流成为习惯，周康很少会拒绝倾诉。他会讲课程测验或考试中自己的分数与排名，老师课上与小组活动的情况，谁谁把数学江老师惹生气了，体育刘老师让全班操场跑10圈，中午食堂的肉丝面条很好吃，放学路上捡到一块钱，谁谁到湖边涮拖把结果掉湖里了，等等。

与孩子的沟通不在于内容的大小多少，重点是他愿意讲给你听，借此可以巩固彼此之间的信任和了解。在得到父母的肯定与赞许后，孩子也收获了轻松和愉悦。聊天的过程中，家长要多听、少点评，尤其不要上升到品德或素质的高度，要让孩子感觉到家长对他身边发生的事感兴趣，是他的听众和旁观者。如果用心些，家长是完全可以在聊天过程中了解孩子的心理状态的。

我也会把家里的一些大事和趣事给周康说说。譬如，老家的一位堂爷爷在工地上出了事故正送医院急救，我跟妈妈商量好了要给他家汇一笔钱救急；郑州他表叔家二胎生了个男孩；妈妈早上上班又忘记带钥匙了；我洗碗时不小心打碎了一只碗；工作上遇到一件烦心事，等等。有时候我们还会一起讨论国际和国内的热点事件，我让周康畅所欲言，也说说他的观点和意见。

饭桌上大家一起聊天，聊什么不重要，重要的是让他感受到家里平等、相互尊重的氛围。

记得初一下学期周康跟我聊天时说，他们班谁跟谁在谈朋友，我听了稍微有点吃惊。我问周康对此有什么看法，羡慕吗？周康摇摇头，说要先做好自己的事，现在谈朋友会花费太多时间和精力，太累了，还是等大学以后再说吧。此后的中学五年多里，周康跟我聊起过很多谈朋友的同学分分合合的八卦，我也会时不时地旁敲侧击，但他一直保持着当初的态度。依我的猜测，可能他内心也曾有所触动，只不过权衡轻重缓急后还是守住了初心。再者，我曾调侃说他的情商远低于他的身高，谈朋友这么复杂的事情恐怕小小年纪的他是搞不定的。当然，孩子的世界永远有大人不知道的秘密。周康上大二不久就已经成功脱单，女朋友是一位漂亮的北大女生，而且是他高中时隔壁班的同学，让我和妻惊叹不已。也许高中时他们就已经有了开始？我们不得而知，也没必要知道了。

从初一开始，我们给周康买了手机，但要求他到校后要改成振动模式。那时候，家长们已经迫不及待地建起了家长群，各科任课教师都在里边，各种关于班级、关于孩子的消息在群里飞舞，刚入校的军训通知、"一二·九"文艺汇演通告、运动会通知等，各种照片、视频、语音满足了家长的窥视欲，看到自家娃娃登台亮相，每一个家长都很兴奋。晚上周康作业做完后，我有时会拿着手机让他帮忙指认照片上的同学或老师，也会一起看着照片或者视频，点评哪个同学的跑步冲刺得好，哪个同学在舞台上演出得好。周康似乎没有厌烦过我的好奇，只觉得他的老爸挺八卦的。但是只要有时间，他还是愿意给我讲谁是运动达人，谁是班级学霸，等等。现在回忆起来已经忘了很多，但重要的是我看到了他对其他同学的关注程度和了解程度如何，也让他知道我们这些家长始终在关心、关注着他们，这就足够了。

随风潜入夜，润物细无声。我和妻用心地营造着平常而又和睦的家庭氛围，留心观察着孩子的情绪变化和心理起伏，始终如一地给孩子提供轻松安全的家的感受。这种来自家庭的温暖使他没有太多的负担，即使他也会有青春期的烦恼，也会像天空飘过的云朵一样，被家庭永不停歇的爱的微风给温柔地吹散了。周康很自然地度过了青春期，除了脸上偶尔会显现几个青春痘。

告别最后一个儿童节

2014 年六一儿童节来临，也到了周康和他的同学们告别红领巾的时候。学校安排了一个活动，请家长给孩子写一封信，封装在信封里带到学校后交给班主任，然后再由老师发还给每位学生，各自拆开阅读。我和妻琢磨半天，由我执笔给儿子写信。信的内容如下：

儿子：

第一次给你写信，老爸考虑了很久。用这种方式告别你最后一个儿童节，着实给老爸出了一个难题，平时总爱唠叨的我，竟然"周"郎才尽了。

午休时翻看这些年来的家庭照片，回忆了你13年来的成长历程。想到如今1米72身高、帅气而又稚嫩的你，老爸要对你说：谢谢你，儿子！你的点点滴滴都值得我们回忆，你的成长岁月同时也是我们倾注了爱与尊重、理解与宽容、奋斗与追求的征程，在我们流逝的岁月中充满了你幸福快乐、无忧无虑的身影。谢谢你带来的快乐与幸福，与老爸老妈一起携手筑起了我们温馨舒适的家！

13年来，在你前行的路上爸妈一直默默相伴，见证了你的成长，你的诚实、进取、聪颖、智慧，你的幽默、自嘲与善解人意……你当然一直是我们快乐与骄傲的源泉，虽然你还有缺点，但我们感受到了你克服困难的信心和勇气！

儿子，进入一零一中学已经八个多月了，你认识了新老师、新同学，也结交了新朋友，在考试、值日、站点、请水、挨锯、悲摧、游戏等许多事件和词语背后，有你们的快乐与自豪，也有你们的秘密与坚守。我相信，在你嘻嘻哈哈的快乐背后，也会隐藏一些淡淡的忧伤。成长的烦恼是每个人都必须面对的，你要做的是学习、观察、思考、借鉴，而不是逃避和放弃，像鸵鸟一样把头埋进沙里自欺欺人。

不久前翻过一本书，书名叫《13岁以前要教给孩子的

52堂课》，其内容简介这样说道：人的一生犹如高楼的建筑，要想把楼房建成摩天大厦，就要打好根基。任何事情的根基的重要性都不言而喻。13岁是孩子形成的人生观正确与否的分水岭，正确的人生观让孩子在今后的道路上如虎添翼，而错误的人生观将阻滞孩子的发展。

我将这本书的主要章节标题摘录如下：

第一章 自信自强，做自己最好。主要观点：没有人是完美的，每个人都是独一无二的，嫉妒、恐惧皆源于不自信。

第二章 找到梦想，蓄势等待飞翔。主要观点：有目标才能走得远，清醒地认识自己，选择属于自己的路，跳起来才够得到的目标最好。

第三章 为值得的事勤奋努力，创造未来。主要观点：不劳而获不长久，守株待兔不可能，不积跬步、无以至千里，充分利用自己的时间。

第四章 乐观向上，跌倒了再爬起来。主要观点：风雨过后是彩虹，微笑着面对逆境，用耐心迎接成功，失败是化装后的祝福，让乐观主宰自己。

第五章 勇敢坚韧，坚持跑完全程。主要观点：没有什么不可能，从不向挫折低头，把绊脚石变为垫脚石，全神贯注的力量给自己创造奇迹。

第六章 自律自省，做自己合格的主人。主要观点：制定自己的时间表，严格执行既定计划，没有规矩不成方圆，反省自己才能不断进步。

第七章 认真细心，不做小马虎。主要观点：粗心是学习的拦路虎，以求真态度做踏实功夫，完美来自小举动。

第八章 谦虚谨慎，自满是人生大敌。主要观点：小成绩别沾沾自喜，不要在优势上跌倒，自作聪明会自讨苦吃，优秀更要低调。

第九章 诚实有礼，一生的卓越品质。主要观点：承诺的事情一定要做到，做到之前先别夸口，把人生建立在尊敬的基础上，没有不重要的人，自尊是自己成就的。

第十章 人生是艰苦的，但充满乐趣。主要观点：感恩是一种最好的习惯，珍惜所拥有的一切，真正的动机发自内心，和善的言语可成就大事。

坦率地讲，这本书的观点足够人们一辈子受用的，老爸老妈也要且学且行之。工作和生活上的压力与糟糕的生存环境使人们应接不暇，保持内心的强大和坚强尤为重要。儿子，强壮自己的身心，提高自己的综合素质，方能在未来复杂多变的竞争环境中站稳脚跟，确保自己的生存才能够进一步发展，进而实现自己的理想。

最后，希望你能够在告别最后一个儿童节之后，在最短的时间里做到：

一、能够自觉地安排自己的活动，养成独立思考的良好习惯；

二、能够自主地安排自己的时间，强化自我控制，培养自学能力；

　　三、能够主动开展意志品质的培养，有毅力、有动力、能吃苦、不服输。

　　另外，我还想提醒你两点：

　　一、电脑和网络不是用来玩的，游戏只是附带产品。合理地利用它，它比所有的老师都渊博，比所有的学者都智慧。它是时代赠给你的最好的工具和礼物！譬如登录一零一中学的图书馆，看一下《一个人的朝圣》的简介，然后借阅出来，享受你自己的阅读快乐时光。

　　二、和女同学的相处是基于对她们的好感和爱慕，这是正常的心理现象。在交往过程中要互相学习、取长补短，无聊的起哄与取笑只会使男女生之间的隔阂越来越大，班级的团结与协作越来越差。希望你在和班级女生相处时，注意六个"不"：不必过分拘谨，不用过分严肃，不应过分随便，不宜过分冷淡，不该过分亲昵，不可过分卖弄。

　　亲爱的儿子，聪明的人今天做明天的事；懒惰的人今天做昨天的事；糊涂的人把昨天的事也推给明天。愿你做一个聪明的孩子！愿你做自己时间的主人！健康快乐每一天！

爱你的老爸老妈

2014 年儿童节前夕

周康当天放学回家后，我问他读信后有什么感受，他轻描淡写地说了句"挺好的，就是太长了"，就没有更多的评价了。虽然我当时有一点小小的失望，但就孩子成长而言，只有疼痛的感觉才能记忆长久。励志的语言和名人名言一样，都只是写进作文里的华丽辞藻，一边是家长的唠叨，一边是孩子的敷衍，说多了就真的成了耳旁风。我认为，孩子只要明白了家长的良苦用心就可以了，没有必要要求孩子马上就能闻风而动、投袂而起。

我和孩子的四个约定

以我的理解，幼儿园是老师抱着学生走，小学阶段是老师拉着学生走，到了初中是老师看（kān）着学生走，高中则是老师告诉学生怎么跑，然后他在终点等着学生冲刺撞线。初中阶段的功课跟小学有很大差别，既然是老师看着学生走，那么学生首先得会自己走，能够跟上整体的节奏，然后才能谈超越与领先。这个道理我跟周康聊过，也跟他讲了能够进入实验班的同学都有两把刷子，大家都要面临重新站队、重新定位的挑战。对他来说，初一阶段的基本任务是能够站稳脚跟，跟上队伍，然后不掉队、不跑偏。

初一秋季期中考试后，我和妻跟周康聊天，谈到了作业、学业、课外班、考试等话题，最后达成了四个方面的约定，或者说是共识：第一、继续小学时的惯例，家长不辅导功课，不检查作业，他课堂听讲要保证听懂，作业要保证质量和效率；第二、是否上课外班要看周康的学业情况，以及他自己的意愿（当时政策还算宽松，现在国家已经禁止课外补习）；第三、学校学业成绩查询系统家长也可以登录查看，他对自己的学业要有自信；第四、期中和期末考试的试卷要带回家给家长看。周康想了想，觉得这四条约定也不是什么尊重与隐私等原则方面的事，就痛痛快快地答应了。

既然是"约定"，那就要提前和孩子进行沟通、协商，达成统一的意见。这方面家长一定要有尊重的态度，让孩子参与到约定的制定中来。只有孩子真心参与了，他才会约束自己去遵守约定，才能将约定执行到底。

约定的第一条，是跟他课堂听讲和完成作业有直接关联的。男孩子在课堂上偶尔东张西望、交头接耳是常有的事，这很难避免，只要别太过分，不影响周边的同学，重要的是课堂上要能跟上老师的讲课思路。特别是初中阶段，课上听明白、听懂了，才能够顺利完成课下的作业。课上的内容稍微有点消化不良，又不注意及时处理，就会影响后续的学习进度，芝麻大的"积食"跟滚雪球一样，到了初二、初三就会发展成西瓜那么大的"胀气"，一发不可收拾。

周康在课堂上会有一些小动作，但大部分时间还是能认真听课的，课下也能认真完成作业。他有一个习惯，在学校吃过午饭跟同学溜达玩耍后，总要空出一段时间来写上午的作业；到了下午，他放学回家后先吃点零食，然后开始写作业，晚饭前就已经完成得差不多了。这样下来，他很少有写作业写到晚上 9 点的。初中三年里，他一直都能保持在 9:30 前睡觉。

后来在周康大二的时候，团支部举办主题团日活动，主题是"关注身心健康，共建健康中国"，周康和同宿舍的两位同学上台介绍了各自的睡眠习惯，以及在提高睡眠质量方面的心得。有趣的是，网上现在还能看到该活动的相关报道。

第二条约定是否上课外班，取决于他的学业状态。课堂听讲的状态决定着课下作业和阶段测试的效果，如果孩子用心听讲，跟得上学习进度，那么课外班完全是多此一举；但如果孩子在课堂上分心太多，这个没听清楚，那点没搞明白，课后作业就会有雷区，到了测验或考试的时候，不但会心里发毛，也会让自信心受挫。这是躲得了初一，躲不过十五的事情。有的孩子在课堂上有侥幸偷玩的心理，回到家里又有"有困难找父母"的依赖心理。而父母却还感觉，自家的孩子不懂就问是多好的学习态度啊。一来二去，双方谁也脱不开身了。有的家长一看孩子学得不扎实，就把希望寄托在课外培训机构上；孩子也会想，反正我爸妈已经花钱让我上课外补习班了，在学校里的听讲有点亏欠也没关系，很可能会养成"课上不好好听讲，课外猛补习"的畸形学习方式。

在当时，北京一零一中学不鼓励学生上课外补习班，而是每周六由学校主持对学生进行语数外三门课程的强化辅导，学生自愿参加、不收费。然而，仍然有部分家长选择让孩子额外再参加校外培训机构的课外补习班，使孩子的学习负担更加沉重。

第三条约定，是要随时掌握他的学业状况，我认为这对家长很重要。教育部颁布的《未成年人学校保护规定》于2021年秋季实施，禁止学校、教师公开学生的考试成绩和排名，但也要求学校采取措施，便利学生自己和家长知道其成绩、名次等学业信息。《孙子·谋攻篇》说"知己知彼，百战不殆"，我觉得是放之四海而皆准的道理。

北京一零一中学的学生成绩查询系统既有单科成绩和位次，也有主课总分和所有课程总分的成绩及位次，从初一到初三，学生每次考试的情况都罗列得清清楚楚，家长很容易看出来自家孩子各科的长短所在、进退幅度，以及他在班级和年级的位置。孩子和家长心中有数，才能够应对有方。可以查阅孩子成绩信息的约定，实际上是我们和孩子之间相互信任的结果。他考得理想与否，我很少去批评指责，更多的是分享他的进步，或者让他自己分析原因，做好后续的时间管理等。

整个中学六年间，我对周康的学业状态还算比较清楚，因此平常跟孩子聊天时基本上不会提及课程学习和考试等内容，而只会关注他期中和期末考试的大致时间。我一般会提前两周提醒他，还有多长时间又要考试了，上次有什么课程考得不好，近期要注意多下功夫复习，点到为止。

第四条约定是关于考试试卷的。我的关注重点不在考试内容上，譬如数学，我从来不关注题目本身，不关注难易程度，也不会帮他分析解题方法，而只是帮他分析做错题的原因，是粗心、根本不会做，还是题量太大做不完。

记得初一下学期期末考试中有一道数学题，他在运算过程中前两行写的还是"$x+3y$"，到了第 3 行粗心地写成了"$x-3y$"，运算结果当然就是错的。结果被扣了 6 分，其成绩在年级的总位次也下降了 20 多名。此后，"$x+3y$"就成了我提醒他不要粗心的专用术语。

语文试卷的阅读理解和作文题我会认真去看，主要是看孩子对社会的理解、认知、感受是否出现偏差或者极端。虽然在应试内容上，孩子可能会隐藏自己的某些观点、态度，但他们毕竟涉世不深，从字里行间还是能够看到他们的真实想法，这些也是了解孩子内心世界的渠道之一。

再说了，虽然试卷上的不少内容可能家长也看不明白，但能够认真翻看孩子的试卷，也会让孩子觉得家长是真心关注他，这对于希望被关注的青少年来说尤为重要，无形中他也会增加一些责任感。如果通过学业的进步能够带给家长、家庭以欣慰和快乐，那么孩子一定会收获成就感和自豪感。在这个渐进的过程中，孩子也在尽力回馈家庭对他的呵护和关爱。

了解孩子的方式有很多，比如家长会

周康初一上学期的期中考试过后，我参加了学校召开的家长会。班主任霍老师工作做得很仔细认真，孩子各科的考试试卷、成绩分析与排名、半学期以来的总体表现等，都分门别类地提供给了家长。比较吸引我的是孩子自己写的期中考试总结，我认为他总结得很好，很客观地分析了自己的优点和缺点。这个总结内容如下：

半个学期过去了，期中考试也已经结束，让我们总结一下这半个学期的学习。

在这半个学期里，我发现了自身一些问题。首先就是课堂纪律不好。在课堂上我被老师批评过，但目前我在这方面还没有较大的改进。其次，我在考试中因粗心丢分较多，尤其是数学。最近几次考试中我粗心丢分的现象减少了许多，这和认真、仔细地检查是分不开的。还有，我的字写得比较差，还需要努力练字。

值得一说的是，我也表现出了一些优点，比如热心帮助同学、上课认真记笔记等，我一定会继续发挥这些优点。

前几天，期中考试的英语、数学成绩也已经出来了。我对数学成绩比较满意，因为在考试时我认真检查了三遍，所以减少了因粗心而丢掉的分数。但是我对英语考试的成绩不是太满意，我认为应该分析错题，防止再犯同样的错误。我还要参考其他同学的分数，判断自己在班里、年级里的位置。

对于下半个学期的学习，我要吸取上半学期的教训，改正上半学期的错误，在下半学期的学习中取得更优异的成绩。

我建议家长要利用好家长会的机会，用心去看、去听、去琢磨，可以由此掌握孩子基本的学习状态。我在开家长会的时候，还粗略地翻看了孩子书桌里的东西，他课本上的听课笔迹、作业的卷面及改错、考卷的整洁与涂写等，实际上都反映了他的学习状态。再了解一下他前后左右的同学是谁，再看看班级后墙的板报、值日表、各类通知等，不管有没有自家孩子的作品，表扬名单里有没有孩子的名字，这些都可以是回家后跟孩子聊天的内容。如果还有机会跟班主任聊聊天，那当然更好了。

会后，家长还可以到校园里走走，看看运动场、餐厅、图书馆，乃至校园里正在施工改造的工地、自动售货机等。你了解孩子在校的环境情况越多，能够跟孩子聊的话题也就越多；你跟他交流得越多，才能了解得越多。有了解，才有互信。

家长会对我触动很大，学校老师对孩子的殷切用心，跟我们当年相比不可同日而语。学校希望家长能够更好地了解孩子的状态，家长就要用心去了解，跟孩子保持良好的交流沟通。毕竟五十多个孩子只有一个班主任，一个学期只有一次家长会，过多地依靠学校和老师，家长得到的信息必然是滞后的，还可能是只言片语，而青春期的孩子有时候的起伏只在片刻之间，等你发现并采取措施时，可能已经过了最佳时机。

初二下学期期末考试后，班主任霍老师给家长们发了一封信，是关于班级总体学习情况的，总结得非常好。我摘录部分内容供读者借鉴：

在两年的学习中，班里有部分同学一直稳定提升，在学习中体现了较强的优势。虽然他们在名次上有一定起伏，但都保持着一定的优势并在一定的分数段波动。这些孩子在学习态度、方法以及知识的掌握上令人满意，已经为初三的学习打下了良好的基础。

不过，也有一些学生在学习中存在着需要加以重视的问题。

存在的问题有：

(1)学习方法不当。通过课堂观察，我发现有的学生关注的只是单个知识点的掌握，而不注重老师所教授的学习方法，老师对于学科学习的指导在学生的学习过程中得不到体现，导致有些学生在学习上一直难以有质的突破或飞跃。

(2)不会听讲。两年来，各学科的老师一直在解决的问题是帮助孩子学会听讲。如提高专注力、记笔记、多和老师互动、多提问等，这些都是孩子终身学习需要掌握的本领。但是，有的学生的听讲依然停留在低层次的水平，课堂上随便说话、走神，不会记笔记，不知什么时候能提问等。没有高效率的听讲，就不可能有优秀的成绩。

(3)学习上投入不足。其实就是不够努力，容易自满，主要体现在对软性作业虚以应付，甚至不能完成，老师布置的复习作业也没有保质保量完成。这些都直接导致孩子在期末考试中不可能有出色的发挥。

(4)动力不足。个别同学在学习中表现得积极性不高、比较被动，明显感觉精力被其他一些事情所吸引，心思并没有放在学习上。在明知道成绩比较落后的情况下，依然没有全心地投入到学习当中。

暑假建议：

学习中最重要的，是了解自己的学习状况以及需求，并踏实努力地付出。

纵观今年（2015）各学科的中考试卷，总体感觉试卷重点考查的，首先是学生对各学科的基础知识和基本技能的掌握，要求更扎实、更全面。只有在这个基础上，才能有灵活的掌握。其次考查的，是对各学科学习方法的运用。如果学习中只注重知识点而没有体现出好的学习方法，那么在今年的中考中是很难取胜的。再次，是和实际生活的联系。学生如果只注重做题和书本知识而没有生活实践，在今后的考试中也将很难占有优势。所以我认为，学生们的学习根本应是学会听讲，学会思考，学会读书，多走向社会，多走向自然，增加生活体验。考试在渐渐回归学习的本质，对于孩子的教育也要回归教育的本质。所以，我给学生们布置的暑假作业是：认真完成老师布置的作业，多读书（英语书和语文书），多去各类博物馆看看，加强体育锻炼……

这封信和各任课老师平常在家长群发布的要求与提醒等，我都会给周康看看，或者说给他听，让他也对照检查一下。假期里我也积极配合，安排好他的参观、购书、出游等活动，让他多接触自然，多接触社会。

良好的习惯使周康能够比较轻松地应对初中的课程学习，他也在不断地挑战和进步中认识自己，积累经验的同时也对自己有了更多的自信。他在初三上学期结束时的个人总结中写道：

本学期，我在各次考试中均取得了不错的成绩。虽然在开学初的摸底考试中，我由于假期没有认真复习，成绩和上学期期末相比有所退步，但此后我加倍努力学习，在期中考试中取得了年级前十的优异成绩。12月月考和期末考试，相比期中稍有退步，但仍然保持在年级前50、班级中游。但同时，这也反映了我很多的问题与漏洞：

语文方面，我的作文仍然是弱项，存在反复套文的现象，需要更多地搜集素材；语言基础知识部分，我通过认真复习即可掌握，但阅读理解部分的记叙文（小说）有时仍出现失误，我还需要加强对阅读方法运用上的理解。

数学方面，在期中、期末两次考试中，我虽然最后的难题没有全做出来，但由于前面的简单题没有出现失误，仍然得到了很高的分数。接下来，我应该注重难题的解体技巧，进一步提高数学成绩。

英语方面，我最突出的问题就是做完形填空、阅读题的时候，有时对个别词语、句子的理解会出现偏差。除了完成老师要求的背课文、范文、单词等任务，我还需要多做这类阅读、完型题目，找回语感。

物理方面，现在考察的知识点越来越偏重细节，复习时难免会有遗漏，最重要的就是上课认真听讲、记笔记，把老师讲过的所有内容都记下来。之前我在物理课上还有不认真听讲的现象，以后我一定要改正。

化学方面，试题内容虽然贴近实际生活，但考察的仍是课本上的知识。掌握了课本知识，考试时认真仔细，就能拿到高分。

能够认真、客观地审视自己的学业发展，我认为是很重要的。结合老师的评价和孩子自己的总结，我让孩子自己去认识学习中的共性问题与个性问题。有的孩子确实在战略上"藐视敌人"，总是不屑一顾，"哼，我下次一定行"，在战术上却不"重视敌人"，没有采取有针对性的战术改进。然后，盲目乐观带来的结果可想而知。人贵有自知之明，有自知才能有自省，既不自欺欺人也不故步自封，发现缺点远比改正错误更重要，审视自己比庆贺进步更需要定力，如此才能行稳致远，不断前行。

为什么要给孩子玩手机？约法三章请收好

当今社会智能手机无处不在、无所不能，它从很多层面上改变了我们的生活方式，推动了社会的发展变革，悄无声息地影响着每个人的工作与学习。与此同时，很多人沉溺于手机所展现的虚拟空间，却忽视了自己身边的真实世界，过多地依赖网络语言和表情包来表达情感，却疏远了面对面和眼神之间的交流与沟通。

有中学教师做过调查研究，中学生使用手机主要用来打电话、接发短信、上网查阅资料、玩游戏、看抖音、听音乐、定闹钟等方面，对中学生最主要的影响是降低了学习效率，其次是部分学生沉溺于虚拟世界、塑造理想中的自己，导致人际交流和情感交流进入误区，容易与现实生活发生冲突，也包括父母与老师。喜欢玩手机的孩子，习惯于手机带来的轻松愉悦的视觉、听觉感受，享受弹指一挥间的快乐和成就，逐渐对学习感到枯燥乏味，受到父母和老师的强势指责后会更加排斥学习，也更需要在手机空间里寻找慰藉。一旦形成恶性循环，孩子对学习、父母、老师就会慢慢地产生抵触情绪，并逐渐疏远。

周康升入初中后，我们给他买了部手机。他和大多数孩子一样如获至宝，总是放在身边，生怕漏过一条信息，看电视也少了很多，写作业时也会不时地拿起来看两眼。这种现象引起了我的警觉。我跟孩子就此进行了开诚布公的聊天，两人探讨了手机带给生活和学习的便利之处，也聊了频繁使用手机导致的消极影响。经过协商，我跟他达成了三点意见：一是他可以设置密码保护，我们不能翻看他的手机；二是在学校手机要保持静音状态，上课期间不能使用；三是放学回家后手机要放在客厅，如有需要可以随时到客厅使用、查看，包括玩手机游戏等。

我家的住房面积只有 40 平方米，客厅兼具我和妻卧室的功能，孩子在家长眼皮底下总是会收敛很多。整个初中阶段，周康算是遵守得比较好。有好几次我们联系他，打电话、发信息都不回，到家后一问才知道，他的手机始终处于静音状态。到了高中以后，他功课的压力大了不少，已经能够自我约束了，很少能拿着手机玩半个小时以上的。也因此，我俩之间关于手机的约定也淡化了许多。

对于大部分 00 后的男孩子来说，电子游戏可能是他们闲暇时间的主要娱乐方式，也是他们社交与朋友圈的一个渠道。这个时代已经发展到如此阶段，形成了如此的潮流，父母个体的力量根本无法阻挡和改变。与其螳臂当车，倒不如顺势而为，但绝不是听之任之、放任自流。

我的观点是游戏可以玩，但不能在手机上玩（影响视力），只能在家里的台式电脑上玩。另外，也不是随时都可以玩。中学期间，每周一到周五不能玩，周末和假期可以天天玩，但只能一天两次，时间在中午和晚饭前，11：30—14：00 和 17：30—19：30 两个时间段。

周康很信守约定，即便是后来上了大学，他也还是大致按照这个时间跟同学约好，玩一玩枪械战争之类的电子游戏。

智能手机和电子游戏已经改变了这个世界很多，并且还在继续改变，对青少年的成长尤其明显。我们熟知的抖音，它的海外版 TikTok 在美国受到很多青少年用户的追捧，是美国青少年最受欢迎的社交媒体平台之一。在美国人看来，它就是年轻人的社区。

2020 年的统计显示，TikTok 的用户中，10～29 岁的用户占比达到了 62%，平均每天花在上面的时间达 80 分钟以上。其实，TikTok 的创始人从一开始就决定，选择 18 岁以下的用户作为他们的目标受众。他们研究了青少年的习惯和偏好，为用户推送他们正在寻找的内容，每一个用户都可以在观众、剧中人、评论者等多种身份间随意跨越，在所谓的元宇宙空间里，为青少年搭建了属于他们的舞台。如此，渴望自由、渴望成功的青少年，又怎能抵挡这斑斓多彩的网络生活的吸引？

如今，TikTok 在很多国家和地区被限制，除了所谓的数据安全和隐私保护，以及政治利益和意识形态冲突，也是因为 TikTok 通过算法和人工智能，为用户提供个性化的内容推荐，实现了高效的用户增长和留存，对美国本土诸如 Facebook 这样的科技公司构成了强大的挑战和威胁。

2020 年还有一项关于年轻人社交焦虑症的医学研究，结果表明：在中国 16 ～ 29 岁年龄段的人群中，有 32% 达到了社交恐惧症的医学门槛。大部分青少年过分依赖非面对面的交流，即使在聚会中，他们依然会通过网络语言来表达自己的内心感受。如今，我们已经很少见到一群年轻人聚拢在一起兴致高昂地谈天说地，他们的注意力都投注在指掌之间，不少人已经不习惯用肢体语言和眼神交流来表达自己的情感了。

孩子需要生活在现实世界中，家长的责任就是要带领孩子去面对真实的世界。一个沉溺于虚拟环境的孩子，很少有时间去思考现实问题，如果他始终不能改变自己的话，等他长大后，他在物理空间和心理空间上就会与现实产生很多冲突，而这些冲突会让他的人生之路跌跌撞撞、踉踉跄跄。在智能化时代，陪伴孩子，促进其身体和心智都能健康成长，恰恰是我们做父母最应该尽到的职责。如果父母从孩子很小的时候就放任自流，到了初中时期再试图加以管束，难度是可想而知的。不少家庭的裂痕、家长与孩子的隔阂，就是从小小的智能手机开始的。

让兴趣成为爱好，孩子课余才快乐

20 世纪 80 年代我们上初中那会儿，周六上午还要在学校上课，中午才能离校回家。大部分学生回家后都要帮家里干农活，老师周末也没怎么布置作业。寒暑假期间倒是有作业，但我们拖拖拉拉地能从头写到尾，其他时间就是玩，下河游泳、捉鱼摸虾，上树抓知了、掏鸟窝，以及下棋、打牌、看电视，离学习能有多远就有多远，业余爱好也根本无从谈起。如今所谓的综合素质教育，在当时压根就没有这个概念。

到了周康的中学时代，正是"鸡娃""内卷""虎妈狼爸"等热词横行的时候，也是北京的学区房疯狂的年代，小学的坑班点招、中考的提前签约、高考的自主招生等政策，给予了家长斑斓多彩的希望和梦想，拼爹的时代慢慢淡出舞台，拼娃的时代已经到来。对于家长和孩子来说，课余的大部分时间都交给了各种课外班，即便是舞蹈、器乐、美术之类的培训，也很少有孩子和家长是纯粹为了爱好，"艺多不压身，即使走不了特长，对孩子也没有坏处"，这可能是大多数家长的初衷。到了 2021 年以后双减来临，孩子兴趣爱好方面的培训开始慢慢回归其本质，有一技之长并享受相应的审美愉悦，对家长和孩子来说都是一件好事。

计算机是周康的兴趣爱好所在。刚升入初一，他就找到老师要了全班的学生名单，编写了一个课堂随机点名系统，安装在讲台的计算机上。他还在电脑桌面上做了个快捷键，给所有任课老师逐一介绍如何使用。刚投入使用没多久，这个点名系统就点到了他，同学们哄堂大笑。他回家跟我说，这说明这个系统是公平的。到了高一，他和另一个同学合作，做了界面等方面的优化改进。

既然他对这方面感兴趣，我们也就支持他继续下去。全家商量以后，决定初中期间课外班只上计算机培训。这方面的指导老师是一位中学老教师，据说带出过国赛选手，退休后专门做课外培训。当时周康和另外两个男生一起，每周日上午到天秀路附近的老教师家里上课。可惜的是，仨孩子在计算机方面止于兴趣爱好，而无缘奥林匹克北京市集训队。我倒是在等待他上课的时间里，把百望山附近及周边的街巷胡同溜达了好多遍。

初中期间，周康每周六都是在北京一零一中学度过的。学校可能并不认可校外机构的培训效果，干脆由本校的任课老师亲自上场，语数英物化都有安排，而且免费，只是辛苦了各科的老师，家长除了接送倒是省事省心。除了周六，再扣除周日上午的计算机培训时间，留给周康的空闲时间就只有周日下午和每天晚上作业写完之后的空隙了（周末例行的游戏时间不算在内）。本来我们全家人都喜静不喜动，加上矮层五楼没有电梯，宅在家里就成了常态。

我和妻清楚自家孩子的优缺点，譬如体育不好、不爱运动等，再考虑到客观条件的影响，已经不指望他在体育运动方面迎头赶上了。俗话说知足者常乐，那么知不足才能常淡定。以我的观察来看，阅读和写作也占了他大部分的空闲时间，除了老师要求的必读书单和我推荐他读的书目，他在睡觉前还喜欢看我订阅的两类杂志，一是军事类的，一是人文历史类的。刘慈欣的《三体》对他影响很大，大概是初二暑假期间，他开始了科幻小说的写作，作品先后在他们的班刊上登载。他在其中一期的序言中，提到了自己的写作心得：

一万多字的《战火世界》，是在第一期杂志刚出完时就已经开始写作。初稿写了三章（计划中）的两章，共八千字，再经过一个学期的打磨，除了主角的名字，其他已经和初稿没有一点相同之处。即便如此，这篇文章现在看来仍有许多不足之处。但在当时，它就是我心血的结晶，最完美的作品。听到同学们的交口称赞，我明白终于在学习以外的领域证明了我自己，而这正是我所渴望的。

初二时，班刊的第八期由周康来做主编。他取了《蒹葭》作为这一期的刊名，并写了序言。我和妻读了以后都觉得很不错，摘录如下：

蒹葭，一种平淡无奇的植物。它另一个较为通俗的名字，就是大家耳熟能详的芦苇。当秋日清晨的第一缕曙光升起，晶莹的露水悄悄结成雪白的霜，大片大片的芦苇在微风中轻轻摇摆，仿佛平静的水面上一圈微微的涟漪。"蒹葭苍苍，白露为霜"，正是这一副令人陶醉的美景。

就在此起彼伏的蒹葭背后，是那个遥远而又接近，熟悉而又神秘的身影。它的名字，叫作梦想。中间是涓涓流淌的河流，那看起来微不足道，却又仿佛永无止境的障碍。

风吹动蒹葭，那沙沙的声响仿佛一阵阵嘲笑，催促我们动身。没有时间仔细看一看沿途的美景了，我们要上路，向着前方那个若隐若现的身影前行。

前方的道路并不平坦，充满了大大小小的坎坷。也许我们曾无限接近，前方的光芒却转瞬即逝；也许我们始终都向着那远在天边的地平线前进，从不停息，却仍然未能如愿。即使我们没能登上对岸，踏入光明的未来，回首过去，我们曾经拼搏过、奋斗过，甚至跌倒过的地方，也都会成为一道道最优美的风景，一段段最珍贵的回忆。

只要拼搏，只要尝试，念念不忘，必有回响，这是给勇敢者的奖赏。这是青春的时代，是梦想的时代。不要害怕，只要方向正确，总能找到属于你的一支蒹葭。愿这本"心灵鸡汤"似的杂志，能成为照亮你前进道路的，那支闪闪发亮的蒹葭。

蒹葭苍苍，梦想起航。与君共勉，青春激昂。

这期班刊的后记是周康所在小组的组长金同学写的，有几段话虽然稚嫩，倒是能够看出这群少年的心路历程："期刊的制作过程中出现过很多的分歧，比如周康定的梦想这个主题，我便觉得太过于老套。可他坚持如此，我也不反驳了。事实证明，这个主题还是不失为一个好选择的。梦想，我希望每个人心中都有一个为之奋斗的目标，为之奋斗的梦想。它或许现在看来，或者将来的某一时刻看来比较奇怪，但是总有一天，我们会见证它熠熠生辉，只要我们为之拼搏，为之奋斗下去。"

在如今这个多姿多彩或者说是纷乱嘈杂的社会，能够静下心来写一些东西，把写作当成自己的兴趣之一，不失为一种简单易做、可以持久的修行。说话和思考都是容易的，但落到纸上，连缀成一篇文章，就不是那么轻而易举了。把自己的想法梳理成文字，让思想渗透进字里行间，这其实就是一个认识社会、思考生活、自我反思的过程。

初中阶段，周康和他的同学们在班刊上发表了很多篇科幻或者探案之类的文章。他把班刊带回家后我每期都要翻看，有时候也跟他交流一二，点赞或者是提出建议，就像他期中或期末考试的语文试卷我一定要看作文一样。这些文字既反映了孩子的学业功底，又反映了孩子的逻辑思维能力，更是映照出了孩子内心的审美观和价值观等，这些是他们想藏也藏不住的东西，也是决定他们未来发展的底层基石。

北京一零一中学每年都会在"一二·九"前夕搞文艺汇

演，周康曾先后主创编写过《暗雨》和《至暗时刻》两个小话剧脚本，组织同学们排练，并在学校礼堂演出。《至暗时刻》演出时我到现场观看，它表现的是社会上复杂的人性，孩子们的演出很认真、有模有样，就中学生而言很有教育意义。

孩子中考，父母应该做些什么

中考是家长和孩子都躲不过的门槛。前些年，北京市海淀区中考分数比较集中的区段中，有的一分一段最多能有220人，孩子如果不小心错失两三分，可能就从市重点掉到了区重点，再不小心丢个三五分，就从区重点给远远地甩开了。2022年的中考更是如此，有的分数段并列人数已经超过400人。

按照周康初中阶段期考的学习成绩来看，大部分情况下都能保持在年级前10%，最好的一次是初三上学期期末考试进入了前2%。我们当初的想法是，正常来说周康是能够留在北京一零一中学的，但是能否继续留在实验班，就要取决于中考成绩了。至于海淀牛校人大附中，其中招录取分数近些年来一直很疯狂，580的总分，周康中考的2016年该校竟然划线到了变态的564分！

初中三年，周康最大的收获是养成了适合自己的学习习惯。他慢慢地找到了适合自己的复习方法和应试策略，我和妻很少在他耳边唠叨学习方面的事，跟他聊天的主要内容大多都是能够使他放松、好奇、愉悦的休闲话题，或者是吃饭穿衣等生活琐事的叮嘱。到了初三的下学期，除了后勤服务，我们更多是在生活上、家庭氛围上给孩子一个更加轻松愉快的环境。冰箱里预备着他爱吃的小零食，床头摆放着他爱看的杂志，隔三岔五出门吃顿大餐，周末再去爬爬香山、百望山，或者到奥森公园溜达，该玩的电子游戏他还照玩，就是要让他体会到家长对他的信任。他只有放松身心，才能减少无谓的升学压力，才能进入好的竞技状态。

体育一直是周康的弱项，平时的体育课堂测试及格的多，能拿到良好就算不错了。但是，中考 580 的总分里体育成绩就占了 40 分，如果在体育科目上拉分太多，他必然会被甩得远远的，这实在是冤枉得很。当时的很多课外培训机构都开设有专门的中考体育培训班，针对投掷实心球、1500 米跑、篮球折返跑等具体项目开展训练，教练大部分是北体大或首体院的研究生。我和妻跟周康探讨了中考体育的重要性后，一致同意暂停计算机兴趣班，从初三上学期开始改为参加体育训练班。这些训练班一般都安排在周末下午，训练地点在北理工、北师大、北交大这几所高校的运动场之间轮转，一直坚持到体育统考测试前。

每个周末，我都骑着电动车来回接送他参加体育训练班。每次训练结束，周康基本上累得话都不想说了。有一次训练强度过大，他满头大汗还没有消散，我俩就急急忙忙骑车回家，第二天他就着凉感冒了好几天。好在他还是咬牙坚持下来了，没有喊过放弃。他明白，这是他逃不掉、躲不开而且必须要面对的任务。

我记得他体育考试的考点在 47 中。考试前一天周康跟我说，体育老师这两天给他们的忠告是："宁肯死在终点线上，也不能在终点线后哭！你们要像对待亲爹一样对待考官。"我问周康有多大把握，他说："老爸您放心，我会尽力的。"考试结果出来了，只丢了 1 分，39 分！非常完美！这实在是出乎了我们仨的意料。周康回家后告诉我们，这次的 1500 米跑是他历史上最好的成绩，越过终点线后他都吐了。

体育本来是他的弱项，但周康用自己的坚持和毅力补足了短板，这个过程使他记忆深刻。毕业前，他在一篇文章里写道："我终于像个男子汉一样勇敢地面对它，不再逃避。无数次走上跑道，挥洒汗水，不止为了中考的 40 分，更为了锤炼出一个坚强的自己。拼搏留下的伤痛总会过去，不拼搏留下的遗憾却会永远伴随。"

周康初中阶段获得过数学、计算机学科竞赛市级一等奖各一次，中考时申请特长生应该是没有问题的。这也是我们最初的保底想法，虽然最终没有派上用场。2016 年 6 月初，班主任霍老师通知我来学校一趟。我到了以后才知道，可以跟学校高中部提前签约了，而且还是实验班。我兴奋得难以用言语来表达。

周康凭借自己的实力，提前获得了"预选赛"的门票。大家都舒缓了一口气，剩下的就是走进考场，轻松地考出自己的状态和水平就行了。

有了学校的提前签约保底，中考就这么不温不火地过去了。周康的中考考试成绩是 564 分，可以直接去人大附中了。我和妻当时都有点动摇，去人大附中的话离家近了不少，周康甚至可以骑自行车上学，况且人大附中是北京市重点中学中的龙头老大。但是周康坚持要留在北京一零一中学，他说他的不少同学都留在了本校，而且学校的环境他已经熟悉，如果去了新的学校，还要重新适应周围的人和环境，他希望自己的高中生活能够轻松快乐些。

最后，我和妻尊重他的选择，他如愿以偿地留在北京一零一中学，继续自己的求学之路。

回顾与反思 3

周康初中时所在的班级是 12 班，班里的学生基本都有数学竞赛的基础，可谓强手如林。再加上学风和班风都非常好，竞争、合作、团结、友爱是我们这些家长的一致感受。周康在毕业前的班刊最后一期上发表了一篇文章，题目叫《此生无悔 12 班》。他在文章里写道："初一，我们在欢笑与嬉闹中度过。初二，我们在成长与思考中度过。初三，我们在汗水与拼搏中度过。我曾经在心中把初三这一年描绘得如同地狱般可怕，但是真正上了初三之后我才发现，这种高压的环境反而激发了我内心的斗志。不管是三日一小考、五日一大考，抑或是每天从一个小时变成一个半小时的统练，都如同家常便饭一般，挺一挺就过去了。"

孩子自己总结得挺好。我的感受是：初中阶段最重要的是要提醒孩子，及早养成良好的学习习惯，尤其是课堂听讲要能听懂，作业才能会做，课余时间要优先保证学习，然后才考虑发展爱好、培养特长；游戏玩乐是可以的，但一定要分清主次，否则就会顾此失彼；如果带着满身的伤痕和疲惫的心态从初中进入高中，那么想要打翻身仗就得付出加倍的努力才有可能。

作为家长，除了营造轻松愉快的家庭氛围，进行积极有效的沟通互动，还要始终和孩子站在一起。对于青春期的初中生，要允许他们出错，只要不是原则性的错误就行；要清楚地认识并承认孩子的不足，不要总拿别人家的孩子来对比，也不要像监工一样高举着皮鞭，更不要动不动就把"我这么做都是为你好"挂在嘴边。真正的爱和关心都是藏在心里的，孩子自然会从家庭的日常生活里感受到，他知道父母和他是一伙儿的，是一条战线的就行了。

回过头看周康的初中三年，我觉得他算是比较轻松的。每天晚上 9:30 睡觉，但 8 点半以后就基本没正事儿了，整理好书包和书桌后，剩下的时间里他可以吃零食、看课外书、写自己的科幻小说、拿手机跟同学聊天等。有时候他也会偷着玩一会儿游戏，我知道但没有过问罢了。我觉得，他有自己的学习习惯，有自己的计划安排，知道自己的缺点，清楚自己的位置，有自己的爱好和兴趣，也有自己的边界和底线，如同勤于保养的汽车一样，随时都可以保持良好的运行状态。虽然可能达不到赛车的速度，但他一直在前行，这就足够了。

周康初三的时候，个头已经超过一米七五的我了。他开始不太愿意跟着我们参加聚会聚餐这方面的活动，指望他还能像小学时主动跟家长说学校里的事也已经不大可能，况且孩子的关注点、兴趣点已经不是家长可以准确把握、理解的了。所谓的代沟已经浮现，家长再怎么体贴入微也不可能如影随形，更不可能完全了解、懂得孩子内心的情感世界。虽然嘘寒问暖仍是家长必需的功课，但一定要明白一点，生活上的关怀始终替代不了对孩子情感上的抚慰。

孩子慢慢长大，他们开始有属于自己的空间，有了自己的隐私，有了自己的判断，也有了自己做决断的愿望。他们会反抗任何试图掌控、驾驭他们的外部力量。有些家长依然把孩子当成自己的附属品，把自己的生活习惯、处事方式、价值观念、人生理想等灌输给孩子，并希望孩子能够如数呈现，这样的结果大概率是事与愿违。电视剧《汉武大帝》中讲的有太子刘据造反的故事，刘据性格仁慈宽厚、温和谨慎，与威武霸气、雄才大略的父亲刘彻有很大不同，性格的差异加上政见不同，使刘彻嫌弃儿子刘据不像自己，"子不类父"。又由于长期缺乏思想交流和感情沟通，父子间的疑心越来越大，最终酿成了父子相残的悲剧。后来，汉武帝向天下人发布"罪己诏"，想来儿子刘据的蒙冤自尽是扎在他心底最深的刺吧。

如何与十几岁的初中生孩子保持良好的沟通，是绝大部分家长都必须思考和面对的问题。沟通当然不是事无巨细悉以咨之，除了了解孩子的生活习惯和学习时间安排，还要用心去观察孩子的行为状态、心理反应等，尽量感受他的情绪变化，思考他烦恼忧愁之所在，理解他小小的快乐来源，站在孩子的角度来观察分析他眼前的态势和问题……一般来说，只要家长能够用心，能够换位思考，本着跟孩子做知心朋友的心态，就一定能够推开孩子的心门。

棍棒和斥责只会产生反抗与抵制，逆来顺受的表象下也可能隐藏着一颗扭曲的心。如果对孩子过于严厉，他主要的精力就都放在反抗上了，外部环境的巨大阴影必将影响孩子独立性的发展。当然，我们不能像间谍一样全天候盯防着孩子，更不能像小偷一样窥视孩子的日记和手机，"防"和"窥"首先代表的，是父母和孩子之间已经没有了信任。

自新冠疫情暴发以来，线上教学、居家隔离、出行限制等举措影响了每个家庭、每一个人，广阔自由的天空突然被压缩到了家庭里的狭小空间，矛盾由此产生。可能仅仅几天时间，两代人之间就会从"相看两不厌"迅速过渡到"话不投机半句多"。"我本将心向明月，奈何明月照沟渠"，这可能是疫情期间不少家长的心态写照。如何携家人共同度过这段防控时期，如何把平淡甚至沮丧的日子尽可能地过得有滋有味，需要家长的耐心和智慧。疫情已经过去，但这三年防控期间留下的家庭教育阴影，还需要时间的流逝来慢慢消散。

初中阶段陪伴大总结

沟通 青春期的孩子可能会变得敏感、冲动、烦躁、逆反等，家长如果跟孩子的沟通交流很少或者浮于表面，甚至出现唠叨、责备、贬低、否定等现象，孩子在内心深处就会跟父母渐行渐远。

倾听 与孩子的沟通不在于内容的大小多少，重点是他愿意讲给你听，借此可以巩固彼此之间的信任和了解。聊天的过程中，家长要多听、少点评，要让孩子感觉到家长对他身边发生的事感兴趣，是他的听众和旁观者。

约定 提前和孩子进行沟通、协商，达成统一的意见。这方面家长一定要有尊重的态度，让孩子参与到约定的制定中来。只有孩子真心参与了，他才会约束自己去遵守约定，才能将约定执行到底。

了解 家长要利用好家长会的机会，用心去看、去听、去琢磨，由此掌握孩子基本的学习状态。你了解孩子在校的环境情况越多，能够跟孩子聊的话题也就越多；你跟他交流得越多，才能了解得越多。

警觉 家长要对孩子频繁使用手机的现象保持警觉。跟孩子进行开诚布公的聊天，探讨手机带来的学习便利和消极影响后，协商达成了使用手机的约定。

管束 在智能化时代，陪伴孩子，促进其身体和心智都能健康成长，恰恰是我们做父母最应该尽到的职责。如果父母从孩子很小的时候就放任自流，到了初中时期再试图加以管束，难度是可想而知的。

兴趣 对孩子兴趣爱好方面的培训需要回归其本质，有一技之长并享受相应的审美愉悦，对家长和孩子来说都是一件好事。

放松 我和妻很少在他耳边唠叨学习方面的事，更多是在生活上、家庭氛围上给孩子一个更加轻松愉快的环境。他只有放松身心，才能减少无谓的升学压力，才能进入好的竞技状态。

6

高中阶段

>>>

　　无论时代如何发展，高考对于绝大多数家庭和孩子来说，都是至关重要的。没有知识技能的积累，没有必要的文凭证明，你很难在未来社会中求生、发展和进步。北上广这样的一线城市尤甚。

　　我当年是在距家 40 多公里的乡镇中学念的高中，每个班级有 60 多个学生，一个年级 600 多人，以农村孩子为主，学校历年的高考录取率基本徘徊在个位数，因此升学压力对于教师和学生来说都没放在心上。1989—1991 年，全国高考录取率分别是 23%、22%、21%，河南是高考大省，录取率比全国还要低不少。1991 年，我所在的乡镇中学只有 26 人过了大中专线，其中过本科线的只有 5 人，整体录取率还不到 5%。换句话说，农村孩子能通过念书改变自己命运的，毕竟是少数。

　　乡镇学校的教师以大专毕业居多，虽然课堂上也都尽心尽力，但毕竟拖家带口，课后也要顾家、维持生计。我的班主任兼数学教师就承包了学校的面条铺，下课后要去面条铺帮忙，每天上午十点多还要挑着箩筐给食堂送面条，衣服上一年四季都沾染着条条道道的面粉渍；体育老师下课后会烙烧饼、做胡辣汤卖给学生……校园东南角有块空地，很多老师都分有十多平方米的小菜地。每到课间，总能看到老师们在菜地里劳作，一派田园景象。

我们学生对自己的未来没有多少信心。高考独木桥对于我们来说，就像是达瓦孜传人脚下纤细的钢索，令人直呼："危乎，高哉！"也因此，同学们没有太多负担，各种玩，各种开心，只要不违反校纪校规就好，唯有高中毕业证还维系着不少同学的希望。

面对这种放羊式的环境，反倒使我在高一就开始思考自己的未来。是毕业回家当一名普通农民，还是抓住学习的机会改变自己？我在高中阶段有写日记的习惯，特别是每次考试和测验过后，一定要在日记里点评一下自己，分析自己的不足、失误在哪里，平时做错事了或者讲错话了也会记下来。在语数英物化这些课堂上，我会简单地记笔记，尽量领会、听懂老师讲的内容，作业也会独立完成。即便平时也跟同学们一样玩耍，但考试时一点也不含糊，优秀的成绩和领先的排名证明了我还有理想，还在为之努力，我也因此逐渐树立了对自己的信心。

在农村广袤而又贫瘠的土地上，没有人能够帮你，你只有自己帮助自己。当父母不能或者无暇顾及你的时候，你就要有自己的理想并为之努力，要在成长道路上不断审视自己，发现自己的弱项和缺点，及时采取措施改进和补救。只要你总是在进步，就一定会有收获。

我曾经把我的求学经历和感受讲给周康，他听后笑而不语，或者说"听过好几遍了"。几十年的间隔导致时代的变化太大了，要让 00 后感同身受不是件容易的事。我并不期望他能赞同我的所有观点，家庭教育的目的从来就不是同质化，谁都不要指望后代跟自己完全相似，有差异和距离才是正常的。但是，求学路上的努力和拼搏是可以一脉相承的。

2016 年 9 月，周康顺利升入北京一零一中学高中部，所属的高一（1）班是重点班，校内号称"钱学森 1 班"（简称"钱 1 班"）。班里有一半多的学生是他初中时的同班同学，班主任霍老师和数学老师也跟他们一同升级，只不过教室换到了另外一栋教学楼。熟悉的校园环境和熟悉的老师、同学，使他感到舒服、自然。他和同学们个个摩拳擦掌，对高中的三年时光充满了希望。毕竟北京一零一中学东边是清华大学，南边是北京大学，将来非东即南是这些孩子的追求和梦想。

这帮孩子在他们班级的门框上贴了副对联：十年寒窗堪回首，一朝金榜喜相逢，横批：钱班大吉。从教学楼走廊走过的人，都觉得非常醒目。他们期待着，三年后这个班集体和他们自己都能够绽放出耀眼的光芒。

住校还是租房，陪伴才是关键

衣食住行的后两个字在北京可是大事儿，单就居住的位置以及周边交通而言，就决定了生活是否舒适、便利。北京一零一中学从初一起就允许学生住校，住宿条件也不错，四人间，上床下桌，独立卫浴。周康初一刚入学时我就有过让他住校的念头，但是妻不同意。她认为，适合住校的孩子应该是自控、自理能力都比较强，而且情商比较优秀的孩子，自家孩子心智尚未成熟，驾驭生活的能力还需加强。最重要的是，青春期孩子的情绪像夏天的天气一样，须臾之间就能风起云涌。如果父母不在身边陪伴，沟通不及时、不到位，孩子得不到家长的情绪抚慰和疏导，就可能引起性格和心理的不好变化，再想要补救可就悔之晚矣。心细的家长也可以跟踪一下近年来住宿和走读的孩子高考后的去向，从周康所在的班级来看，确实是有些微的差别。

孩子是自己的百分之百，是老师的几十分之一，是学校的几百分之一，家长绝对不能轻易当甩手掌柜，更不能彻底放手。

白岩松在一档节目中曾经主张，让孩子走读而不是住校。我理解他的真实想法是不希望亲子关系受到影响。亲情的缺失对中学时期孩子的成长有什么程度的影响？对于这个问题，做父母的一定不要作太过乐观的假设，有条件陪伴孩子的，最好还是让孩子能够享受到家庭里的爱与尊重。进一步来说，如果家庭条件允许，就近租房也可以节省孩子的交通时间成本，节省下来的时间他可以学习、阅读、运动、休息等，有更多可以自由支配的时间，对他的成长可能会有更多的帮助。也有人会问，付出了这么大的成本，孩子一定会成才吗？这当然是仁者见仁，智者见智了。

周康高一时我们还是住在交大家属区，他的小屋连同阳台也就 12 平方米左右，上下学仍然要地铁、公交、自行车换乘，每天花在通勤上的时间还是有两个小时之多。到了 2017 年 7 月，我们终于在北京大学西门对过的蔚秀园租房，距离北京一零一中学南门不到 800 米，周康骑车或步行十分钟左右就能赶到学校。虽然周康的新小屋也是 12 平方米左右，但从窗户往外看，北边 30 米开外就是万泉河，其间是一片枝繁叶茂的树林，一年四季总有不知名的鸟儿在林间鸣叫。大一点的屋子是我和妻的卧室兼客厅兼餐厅，一张可伸缩折叠的餐桌摆放在双人床附近，吃饭时总有一人要坐在床上。

狭小的空间并没有影响我们一家三口的心情。我和妻尽量把工作方面的烦闷在回家前就打包扔掉，容易影响心情的情绪都不允许带到家庭生活中来，互相体贴、互相包容，尽量用心做好每顿家常饭，把家里收拾得干净利索，冰箱里始终有儿子爱吃的各类点心零食，每天开个玩笑，讲个趣闻，说一说各自工作学习的进展，聊一聊当前的热点与时政要闻，轻松愉快的氛围使我们每个人都感到舒适自然。我和妻在陪伴孩子方面两人互相补位，通常妻在生活方面张罗的多一些，关注家长群的消息多一些，与班主任联系多一些；我则是跟周康闲聊多一些，关注他的学业进展多一些，图书与零食买的多一些。

我们仨踏踏实实地在这里租住了两年，虽然我和妻的交通成本有所增加，但减少了孩子的通勤时间，便于他有更多的时间和精力做好自己的事。

蔚秀园原名含芳园，被赐予醇亲王奕譞后改名，如今是北京大学教职工宿舍区。园中塘荷相映，草木繁茂，土山、刻石、凉亭、小桥散落其间，盛夏时节林茂草密，鸟语花香，偶尔还能见到啄木鸟、松鼠、刺猬和黄鼠狼，其幽深之境令人体味到"蔚然深秀"的意韵。北岛的南岸有一假山堆叠的小丘，乱草之中隐藏着一座假山石刻，上有"云根"二字。我和周康散步时都注意到了，俩人很认真地探讨了"云根"的含义，觉得颇有深山云起处之意。巧的是后来他高考语文时，第 4 大题第 21 小题有关于社区生活及思考的内容，他拿蔚秀园的"云根"等景致作答，写起来毫不费力气。此是后话。

蔚秀园东门正对着北京大学西门，我们仨经常在晚上八点多去北大校园里散步。当时，保安一般不阻拦住在蔚秀园的人进出校园，不管你是房主还是租户。北大燕园优美的环境和博雅的气质深深地感染了周康。有一次我们走在未名湖畔，刚下晚课的北大学子们从我们身边匆匆走过，边走还边讨论着我们仨都听不懂的问题，他们的声音、眼神以及那种指点江山的气质，让人为之羡慕、感慨。周康走到北大西门办公楼前的华表处时，站定了静静地看了一会儿，然后跟我们说，这是他想要的大学的样子。我问他，北大跟他高中时游历的美国的大学相比如何？他说北大更有历史，也更有未来。看来，身临其境还是有好处的，他的大学在他脑海里已经有了比较清晰的轮廓，值得他为之投入更多。

轻松自在的家，让孩子没有压力

进入高中，孩子开始逐渐形成自己的关于社会价值观念等方面的认识，思想情感的社会性日益深刻，他们有了自己的理想和追求（可能会变化和迁移），也有了自己的烦恼和忧愁（可能会很多），他们渴望与别人交流，却又不想过多暴露自己的心思，青春期的尾巴时不时地扰动着他们的思绪，影响着他们的行为，学习的状态和效果也左右着他们的情绪，如同蝶蛹一般，为破茧而出积蓄着自己的力量。少年不识愁滋味，为赋新词强说愁，我觉得用来形容高中阶段的学生是再贴切不过了。

对于他们来说，家除了是避风港，还蕴含着他们特别的期望。当他们结束了一天的学习生活，背着沉重的书包推开家门，他们渴望家人既能够肯定、赞许他们的成绩与进步，又能够理解、包容他们的失误与挫折。父母当然是他们最爱和最亲的人，但他们更愿意父母是他们的"大朋友"，是倾听者、建议者、信赖者。对青青麦穗来说，抽穗灌浆需要的是和风细雨的天气，而狂风暴雨带来的可能是减产，甚至是颗粒无收。高中生的年龄大多在 16 ～ 18 岁之间，正是指点江山、激扬文字的时候，父母一定要多投入时间和精力，甚至某种程度上需要察言观色、体贴入微，用心关注、陪伴，才能静待花开。

> 家是世界上唯一可以隐藏人的缺点和失败的地方，它同时也蕴藏着甜蜜的爱。一个温暖舒适的家，是人生最大的快乐源泉，也是推动人们前行的动力源泉。

俗话说，观棋不语真君子。如今高中的知识体系，已经不是大多数家长能够得心应手地辅导和指点的了，与其在孩子耳边喋喋不休地说教、劝导，不如静下心来帮助孩子分析，让他自己找到问题的答案。是讲课听不懂，作业做不会，审题不明白，还是粗心马虎？在学业上，父母做好参谋，发挥好智囊团的作用就可以了，如果赤膊上阵、直接入局，多数情况下反而会适得其反。当然，家长还可以跟孩子一起探讨他在学习之外的烦心事，如果他愿意的话。

周康在家的时候，我和妻总是跟他天南地北地聊天，老师、同学、午饭、糗事、美食、旅游、新闻等，什么话题都可以。只要他愿意跟你聊，就说明在他心目中跟你是平等的，你除了父母的身份，可能还是他的伙伴或者朋友。对孩子来说，他能够因此感受到家的温暖舒适和轻松自在，他可以卸下包袱和压力，专注于自己的学业发展。话题的寻找有时很重要，不是随时随地、信手拈来就行的，也不是简单地投其所好、有意逗乐，其实是考验父母对孩子的关注、了解程度如何。

整个高中期间，我们一如既往地不检查作业、不督促学业，他已经将养成的学习习惯固化在了自己的日常生活中，成为行为准则之一。另外，他还根据学科内容的增加，逐次调整了自己的作息时间，高一是晚上10点睡觉，高二是10：30，高三是11：00，早上起床一般在7点以前（高一住交大家属区时是6：15）。我在他的床头放着他爱看的杂志和小书，不定期更换，他困了乏了，会躺在床上翻看一会儿，也算是另外一种轻松时刻吧。

跟初中的惯例一样，我也会翻看他带回家的期中或期末试卷，十多分钟就翻完了，主要看他的扣分情况是否由于粗心所致。除了作文我会稍微跟他讨论几分钟，其他的内容一概不予点评。他知道我的关注点在哪里，每次考试时他都尽可能多地、仔细地进行检查，省得由于粗心马虎而被老爸唠叨。高二、高三的几次年级考试，每科考完以后，他们同学之间经常会互相对答案，晚上到家我会问他各科考得怎么样，一般他都会很简练地回答一下。譬如，这次考试数学英语物理化学都考得还可以，生物不太好，但是语文的作文应该写得不错。

饭桌上，我们父子俩也会花几分钟预判一下这次考试的结果如何，跟上次相比的进退幅度等。只要他对自己的预判比较准确，最终的结果误差就很小。我觉得，这个自我评价和判断的过程对他来说，也是一种锻炼或者训练。如果对课程知识不够熟悉，掌握得不够好，那么考试后是不可能对自己做出清晰判断的。所以，这也是他对自己学习情况的一个梳理过程，更是他逐渐自知、自信的过程。

迎接孩子的 18 岁成人礼

周康满 18 周岁是 2019 年 3 月，应该在高三的下学期。但按照学校的惯例，一般会把学生们 18 岁的成人礼时间集中安排在高三的上学期。北京一零一中学的校址原本就是从圆明园切划出来的，因此历年的成人礼都会在圆明园里举行。不巧的是，我那天恰好单位有事脱不开身，是妻带着姥爷姥姥一起参加了周康的成人礼活动。

活动前，班主任要求家长给孩子写一封信，封好后带到学校交给班主任。活动的最后一项是班主任将信发还给孩子，让他们拆封阅读。我和妻打定主意要好好写这封信，毕竟有些话落在笔头、写在纸上，能让他记得更长久些，有更多鼓舞，再过些年头后孩子翻出来这封父母写给他的信，兴许还会有些感念吧。我起草了初稿，妻做了修改，打印好后装进信封交给了周康。全信如下：

周康吾儿：

成人礼定在 10 月 18 日的圆明园，严格意义上说，这时你是 17.6 周岁，到明年的 3 月 15 日你才真正 18 周岁。但是这个时节和地点很合适，有秋意阑珊的皇家宫苑，国耻家恨的史海云烟，也有志存高远的钱班弟子，翘首期盼的亲人师长。在这个终生难忘的宝贵时刻，儿子，除了聚会的快乐，你是否还有其他特别的感受？

虚岁 18 岁，你也已经 1 米 8 多了。家里的照片和抽屉里的获奖证书，以不同的方式记录着你的成长经历，也记录着父母和你之间爱与尊重、理解与宽容、奋斗与追求的心之路、爱之路。对爸爸妈妈而言，世界因你而精彩，因你而幸福，因你而感恩。谢谢你，康儿，感谢你带给我们的一切，当然也包含你的缺点和遗憾。

18 岁，意味着你的身体机能开始走向成熟，不再是未成年人了。国家法律给你规定了很多权利和义务，譬如享有选举权和被选举权，要服兵役，要承担完全刑事责任，等等。亲爱的儿子，欢欣雀跃之后，你是否想到自己对成人社会的了解有多深？你该为未来的世界和生活做什么方面的准备？

雄关漫道真如铁，而今迈步从头越。对于你的18岁和你的未来，爸妈交流了很多，老爸提笔想跟你谈谈几个关键词供你参考，权且当作"周氏家训"传承于你：

一、勤奋。勤奋可以弥补聪明的不足，但聪明无法弥补懒惰的缺陷，只有勤奋、努力、刻苦、不懈地坚持，才能最终成功。钱学森、袁隆平、屠呦呦等著名科学家的人生，正是勤奋刻苦、坚持不懈的典型写照。真正勤奋的人生，会始终闪耀着奋斗、毅力、执着的光芒。

二、乐观。乐观的心态指引着你从平淡朴实的生活中发现快乐与希望，支撑着你怀揣理想去迎接未来的挑战，真正的快乐是发自内心的。罗素说，让你的兴趣尽可能地扩张，对人对物的反应尽可能出自善意而不是恶意。哭，也是一天；笑，也是一天，为什么不笑着走过呢？

三、诚信。诚实守信是现代社会每个人立身处事的根本，你的信用是你无形的资产和财富，是人们评价你价值的根基。不信不立，不诚不行。诚信的约束不仅来自外界，更来自我们自身的自律心态和道德素养。

四、宽容。宋人林逋曰："和以处众，宽以接下，恕以待人，君子人也。"清华校训中的"厚德载物"，意指君子应如大地的气势厚实和顺、容载万物，襟怀宽广博大。"海纳百川，有容乃大；壁立千仞，无欲则刚。"这是老爸最喜欢的一句话，送给吾儿共勉。

五、修养。修养是个人魅力的基础，良好的个人修养是内在的智慧、品格和知识等表现在外的美德，融合了你的知识积累与社会阅历、心理素质与情绪控制、感知他人和沟通交往能力等多方面因素，对你建立健康和谐、积极向上的人际关系极其重要。修身、齐家、治国、平天下，伟大的梦想都是从审视和提高自身修养开始的，爸妈希望你做一个有修养的、受人尊重的、高尚的人。

六、健康。爱默生说："健康是智慧的条件，是愉快的标志。"陶行知说："忽略健康的人，就是等于在与自己的生命开玩笑。"老爸对你说："身心健康是幸福的保障。"希望你在18岁之后能尽快培养一两项体育爱好，延展你的朋友圈，强壮你的骨骼，愉悦你的身心，别再像温室里的花草，风雨之后尽是一地狼藉。

当然，还要有责任、勇气、感恩、善良、坚强、执着等品质。有些是你已经具备的，有些是需要岁月淬炼的，不再一一罗列。金无足赤、人无完人，爸爸妈妈并不奢望儿子你是完美无缺的，只是提醒你在学好书本知识的同时，关注生活、关爱亲友，用心体会，感受身边的真、善、美，保持积极向上的心态，不惧失败与沮丧，能从坎坷、挫折甚至失败、屈辱中汲取经验教训，成长为顶天立地的男子汉。正如圆明园对于国人的警醒，伤痛和疤痕有时是最好的老师！

儿子，眼前仿佛出现你蹒跚学步时的模样，此时分外感慨我们亲密的时光如此之快，叹息你在父母身边的日子将会越来越少。迈进成人世界的钟声已敲响，看着你愈走愈稳健的身影，父母只有自豪与欣慰。希望你能够比爸爸妈妈做得更好，我们永远是你坚实的后盾，目送你坚定、勇敢走出父母的羽翼，大步走向你的未来！

亲爱的儿子，爸爸妈妈一天天变老，但我们对你的牵挂从来没有改变。你的身上寄托了我们对未来生活的美好期盼，因你，这世界的未来是如此美好和让人向往！

亲爱的儿子，一如我每天在门口目送你上学时的那句话：一天快乐！

祝你天天快乐！

爱你的爸爸妈妈

2018 年 10 月 11 日

记得当时写到最后几句话时，我已经热泪盈眶。那种育儿的艰辛、成长的欢欣以及翘首的期盼混杂在一起，难以自制。春种秋收，有耕耘就有收获，自然界用它的规律来调适万物的生长，人世间也是如此。

让孩子清楚自己的短长板

知人者智，自知者明。人一辈子，其实一直都在通过实践来认识自己，在群体的映照中发现自己的个体特征。知道自己有几斤几两确实重要，但客观地认识自己恰恰是世上最难的事，特别是朝气蓬勃、志向远大的青年人。CCTV3综艺频道曾经播放过一个家喻户晓的频道广告：心有多大，舞台就有多大。新时代给予年轻人以梦想的召唤，但如果有目标而无行动，有梦想而不努力，不及时审视自己，忽略自己的强弱长短之所在，最终的结局只能如沟畔的野草、野花一样，点缀了游人的视野，或被牛羊果腹，除此再无多大的用途。

我高中期间对语文、数学、物理三科比较擅长，经常在年级考试中名列前茅，化学和生物则一般、中游水平，但是英语和政治就不行了，属于典型的拖后腿科目，整个高中时期都是如此。到了高三备考阶段时，我给自己的策略是：保优语数物、稳定化生、加强英政，各科的复习与时间分配上也大致如此。高考后在成绩出来前，我就对自己上线很有把握。后来没想到的是，我的物理竟然考了93分，在全县都是前几名，再加上英语和政治也都考过了70分（100分满分），因此总分过了本科线。班上有的同学平时的综合成绩其实也不错，但备考阶段眉毛胡子一把抓，西瓜芝麻都想要，就会顾此失彼，最终铩羽而归。

我跟周康聊过我当年高中的事情，也把我的经验教训都讲给他听，建议他对自己的学业状态要有清晰的认识，不要笼统地用"差不多""还可以"一概而论。对自己的每一门课业都能有比较恰当的点评，知兵知将，由点及面，才能统率全军。

从高一开始，周康就把学校的成绩查询系统的账号和密码都告诉我们，每一科、每一次考试的成绩情况在系统里一目了然。但具体到某一科的问题在哪里，还得他自己能够发现，能够找到才行。除了语文，周康的其他科目比较均衡，没有明显的偏科。于是，高三那年他在语文上下了不少功夫，最后高考时语文竟然得了130分，算是整个中学阶段的历史最高分了。

我曾看过一篇文章，大意是进入高中的孩子，他们的学习方法、时间管理、自我认知等会逐渐沉淀成型，父母与孩子之间的矛盾主要体现在控制与自主上，所有的对抗基本上都围绕在"我们要你做"和"我想自己做"这两个方面展开。我觉得很有道理。时间会改变许多，重要的是孩子要在前行的路上能够审视自己。《孙子·谋攻篇》中说："知己知彼，百战不殆；不知彼而知己，一胜一负；不知彼，不知己，每战必殆。"这已经说得非常直白了。

就做好高中生的家长而言，我的理解是：不要去做孩子的督战队、监督员，而要始终保持和孩子的良好沟通，引导孩子去发现问题、认识不足，知己知彼，他才能乘风破浪。

从某种意义上说，我们跟孩子交流时，态度远比内容更加重要。家长要拿出更多的耐心来尊重孩子、理解孩子，帮他出谋划策，而不是指手画脚、越俎代庖。一般来说，家长对孩子的优缺点是了如指掌的，有些家长试图在短时间内改变孩子身上的缺点和不足，一旦效果不佳，就会焦虑、烦躁、干着急，到最后束手无策、彻底放弃，甚至跟孩子到了相看两厌的境地。如果这样，必然使沟通越来越难。我建议，还是要客观现实地认识问题，扬长避短，少一些批评教导，从关注缺点转向关注进步，多一些真诚地表扬，哪怕是很小的进步也要为他点赞。唯有如此，才能赢得孩子的信赖，才能帮助孩子强化他的自信心和责任感，成为他稳步前进背后的重要推手。

我跟周康闲聊过将来上什么大学，学什么专业，以及从事什么职业的问题，太过具体的他其实并不清楚，但他比较清楚地知道自己能干什么，不能干什么。他说他要学工科，不学文科与管理；他将来要搞研究开发，不会做公务员或者教师之类的工作。我能够理解00后孩子这些想法的初衷。在他们还比较单纯的世界里，科研开发能满足他们的探究欲，获得成就感，而体制内的烦人琐事则会让他们束手束脚吧。

手机可以玩，但要有节制

我们总是怀念当年读书时那段贫穷而又纯真的年代，没有手机、电脑、邮件、微信，绝大部分的沟通交流是面对面的，即便是阅读来信，白纸黑字也实实在在地拿在手里，见字如面。高中时的课间休息，男生在教室外嬉闹奔跑，女生在教室里扎堆聊天。学习之外的闲暇时间，大部分都交给了运动场和附近的田野，男生有的会去台球厅打台球，录像厅里看录像，女生有的会在课下给家里的弟妹们织毛衣，没有升学压力，大家都很坦然。

时代发展到今天，已经颠覆了我们这代人的很多传统观念，科技的进步和生活条件的改善也大大改变了这个世界。周康初中时，还会有个别同学平常不带手机，朋友圈见不到身影，到如今则是手机不离身，否则就会寸步难行。即使只是小学高年级学生，也已经有了自己的朋友圈。家长稍微有一点疏忽，成百上千，乃至几万、几十万的血汗钱就可能被熊孩子给买了装备、皮肤，或者打赏给了主播。这样的新闻报道屡见不鲜，但是很少听说有高中阶段的孩子还干这种蠢事的。这说明他们已经有了自己的价值判断，有了自己的是非观念。游离于手机的虚拟世界与现实世界之间，应该说，大部分孩子都能够控制住自己，比较合理地分配玩手机和读书的时间。

智能手机给家长带来了两难的选择，一味地封堵肯定不是办法，一旦决堤就如同洪水猛兽般泛滥，根本无法管控；放任自流也不是什么好主意，在巨大的流量利益驱使下，手机屏幕展示的并不都是真实的世界影像，娱乐与猎奇会让孩子深陷其中而无法自拔。

在如今的双减时代下，家长要及早入手，培养孩子运动、音乐、书画、阅读等方面的兴趣爱好。如果到了高中阶段才开始纠正孩子沉迷手机的习惯，大部分情况下收效甚微。

实际上从初三开始，我们已经默许周康可以自由使用手机了。他有自己的微信朋友圈，每天晚上会花点儿时间看看微信什么的；完成作业以后，他也会插着耳机听一会儿音乐。我们也保持了初一时跟他的协定，一是我们不能翻看他的手机，二是在学校手机的主要功能是保持联络。这一切的前提是，他能够合理地安排自己的手机时间。周康高考后告诉我，他们班课间时总有同学在玩游戏，他有时候也会在一旁观战。我们每次去学校门口接他时，也总能看到一些学生边玩游戏边走路。我总是担心，这些孩子以后的颈椎能否承受住来自社会和身体的双重压力。周康上大学以后也告诉我，即便在清华也有不少痴迷游戏的同学，个别的甚至出现了挂科，正常毕业都成问题。他其实也玩游戏，但不同的是他有节制，有时间观念。

教育部出台的双减措施，出发点是好的。但我担心的是，如果没有了竞争和内卷的压力，而家长还是那么忙碌，抽不出更多的时间陪伴孩子，家校的联动如果在家庭这部分出现缺失，那么孩子在多出来的空闲时间里，能够拒绝手机的吸引吗？有人可能会说，可以让孩子多参与一些琴棋书画、运动健康之类的活动，接受快乐教育，享受快乐生活，这当然是好主意。但是，如果课外教育与活动并不足以培养孩子的兴趣，充裕的闲暇时间里，孩子会与手机捆绑得更加密切，他们会更加频繁地在虚拟世界里寻找虚假的荣耀和辉煌。

随着国家的发展进步，00后的孩子绝大部分都过着衣食无忧的生活，特别是北京这样的大城市。然而，大部分孩子都有一个显著的特点，或者说缺点，那就是对于自然和社会没有强烈的好奇心，缺乏探究与尝试的欲望。他们对很多事物见怪而不知怪，只在需要的时候才会通过网络搜索关注一下。有人称之为自然缺失症，周康跟他的大多数同学们都是如此。比如，他能识别的花草树木屈指可数，家里买的瓜果蔬菜有的他会叫不上名字，除了美食家里能引起他兴趣的东西不多，他能够动手做的也就是西红柿炒鸡蛋、煮饺子、煮面等。他们儿时倾注在玩具和动画片上的热情，到了中学后很多都已经消散得无影无踪了。

人的一生在每个时间段总是要有兴趣点、关注点的，家庭生活的重要内容之一，就是帮助孩子在不同时间段培植不同的兴趣点。如何才能提醒孩子，现实生活中的快乐远比虚拟空间的快乐更真实、更有意义，会为他们后续的人生提供踏踏实实的帮助支持？

这是孩子面临的问题，也是家长要思考的问题。

课外班、自主招生、暑期学校，量力而行

我上初中时，学校有学生田径训练队，跑得快、跳得高、力气大的学生聚拢在一起，在体育老师的指导下没日没夜地练习。如果他们参加市里的体育比赛并拿到名次的话，中考是可以加分的。高中以后似乎没有这种加分了，但是班里仍然有两个同学一直在练习田径单项，俩人早出晚归、风吹日晒，练得很辛苦，我特别佩服这两个同学。然而后来听说他们文化课成绩不够，高中毕业后就再没有他们的消息了。

等到周康上了初中以后，我才了解到北京关于中考、高考的一些政策。当时的 985 和 211 大学基本都有自主招生，如北京某大学的招生简章上说，自主招生会招收具有突出学科特长和创新潜质、品德优秀的高中毕业生，报名条件是在高中阶段获得过全国中学生学科奥林匹克竞赛（数、物理、化、信息、生物）省级赛区一等奖及以上奖项。清华、北大两校当时还会举办针对高二学生（个别优秀高一学生亦可）的暑期夏令营，诸如清华领军计划、北大博雅计划等。各校

类似的招生简章让人应接不暇，但报名条件大多都落在学科竞赛获奖和学生科学潜质上了。近几年还看到一则报道，一个初三的学生获得了国际竞赛大奖，北大提前给予录取资格，真可谓神人。

对于自主招生，清华、北大这两所知名高校都要求提供学生高中阶段参与的科学研究和创新实践情况等，有些家长因此选择让孩子以大学先修课作为主攻方向。妻关于清华、北大的功课做得非常好，跟周康商量后，安排他从高一开始利用周末到首师大附中参加《大学化学》先修课的学习。于是，他的书桌上添置了好几本厚厚的大学教材。到了他上高二的春季时，他终于获得了CAP中国大学先修课理事会颁发的成绩通过证明。与此同时，周康也借助学习大学化学的机会，高一和高二先后取得了两次化学奥林匹克省赛的二等奖。当时，北京市教委还与部分重点高校合作，面向高中生推出"翱翔计划""实培计划"等科学研究实践项目，周康高一下学期参加了北京邮电大学软件学院的大学生创新创业训练项目"你的碳足迹"，主要内容是学习安卓语言。他跟着北邮的学生一起参与项目讨论，后来指导教师给了他一个"优秀"的鉴定，算是鼓励吧。如今，大学自主招生的政策已经变化了很多，但重视的仍不外乎有相关学科特长以及大型科技类竞赛中获得优异成绩者。

清华、北大针对高二学生的活动，以往都是组织暑期学校，无非是参观学校、课堂讲授、测验考试等内容。我们当时同时给清华、北大都递了申请，结果在北大的初审环节就没有通过，因此周康格外珍惜去清华的机会。在参加了清华的暑期学校后，他得到了"良好"的评级。高三的寒假，我们继续给他报名参加清华的寒假学堂。这次假期学校的内容除了天天考试，还多了团队表演等，十多个来自全国各地的孩子组成了一个小组，用很短的时间排练出一段街舞表演。绝大部分的孩子都是第一次接触，但从现场发回来的视频来看，大家跳得都很卖力，也像模像样。最终，周康获得了一等奖的评级，据说高考时能获得 30 分左右的加分。我们大家都很高兴，算是一只脚迈进了清华的大门。这实实在在地增加了他高考的自信心，解除了后顾之忧。

另外，周康高二时还参加过清华大学组织的"中学生标准学术能力测试"（THUSSAT），测试地点在昌平石油大学院内，他的测试成绩非常不错。

到了 2022 年，211 高校的自主招生（学科竞赛类）已经全部取消，仅剩下艺术、体育、美术类招生了。985 高校开始实施强基计划，大部分学校都提高了学科竞赛的获奖等级。实话实说，这些已经让大部分家长和孩子望而生畏了。教育政策的变化直接引发了学区房的价格波动以及校外培训机构的关停，除此之外，也使得家长之间的经验传递难以为继，关注点又回归到高考考试科目的课堂学习中来。

虽然 2021 年全国高考的录取率已经超过 90%，但是中上游的学生要想进入心仪的大学，就只能寄希望于高考而别无他途。要把高中 3 年乃至自小学以来 12 年寒窗苦读的积累，在两天左右的应试考试中充分地展现出来，一考定终身，不但要拼实力，还要拼心态，容不得半点闪失。

北京一零一中学的课程进度很快，高二结束时整个高中的课程基本上都讲授完了，高三的任务实际上就是系统复习和全方位应试。孩子的课外时间不多，作业和模拟测试很多，多数孩子的课外班都取消了，每个周六学校还会要求高三学生到校，各科老师轮流搞统测或者讲评。

周康的计算机课外培训班一直上到了高一，这也是他高中期间唯一的课外兴趣班。我们当然希望他能够拿到比北京市一等奖还要好的成绩，譬如进入北京市集训队，毕竟一等奖的几十号人中只有二十人左右入选进队，不过周康知道自己这方面的天赋并没有那么强，或者没有下足功夫，也就没有把希望都寄托在计算机学科竞赛上。高一拿到了市赛一等奖，高二拿了第 12 届亚洲和太平洋地区信息学奥林匹克（APIO）中国赛区铜牌后，我们商量后决定就此罢手，专心准备高考了。毕竟牛娃太多，人家可能是把这个作为专长、特长，而且确实有天赋、有实力、有投入，我们则只是把这个作为敲门砖而已。周康所在的班级里，也有同学取得了诸如数学、物理、化学、生物这些学科竞赛的好名次，在后来的自主招生中多多少少都发挥了作用。

有才华的课余生活，才有滋有味

人们常说，眼界决定格局，舞台决定梦想。的确如此，周康这一代的孩子生逢盛世，衣食住行等方面都发生了翻天覆地的变化，我们过去梦想的很多东西，到他们这一代已经变成了现实，他们接触到的信息和知识远远超出了他们的视野，物质的丰富和出行的便捷，整个世界在他们眼里就是一个大的地球村。

从初中开始，北京一零一中学就比较注重搭建培养学生综合素质的平台。如出京的游学，市内的参观，校内的讲座，围绕特定节日的文艺演出等，这些既丰富了他们的课余生活，又开阔了眼界。另外，校内的生物课、劳技课等也给了学生亲自动手、参与的机会，周康就曾经在手工课上制作了一把小铁锤带回家，看到什么都想敲一下，不过砸个核桃什么的还是挺方便的。学校组织的各种活动我们都支持周康积极参加，每次活动回来，我都会问他活动开展得怎样，有什么感受，他会饶有兴致地跟我们聊他的所见所闻。每每听周康讲述他们去中科院参观，跟登月宇航员杨利伟合影，听军事专家李莉到校讲座等的情形，我们都感到非常羡慕。

高中阶段，周康先后编剧和导演了《X计划》和《长夜已至》两部微电影，代表班级参加了学校的"一二·九"文艺汇演，获得了评委和观众的好评，其中《X计划》还在学校电影节中获得一等奖。高二国庆节后，他主创、导演兼出演的话剧《终幕彷徨》在校园话剧节上演，我当天特意请假到现场观看，其剧情指向商业反腐与社会治理，台词和剧情衔接都不错。另外，我的观察点还在于作为创作者的儿子，他对当前社会的理解程度和表现手法如何，是对社会的真实反映，还是胡编乱造、荒诞不经。还好，他的剧本基本遵循了现实社会的运行规则，在跌宕起伏的剧情背后，既展现了矛盾和冲突，也表现了公平与正义的力量。

这部话剧的剧本是他利用在家的闲暇时间写成的。我事后翻看，发现灯光、音响、道具等都标注得比较清楚，可见他在脑海里已经勾勒出了一幕幕活灵活现的世间场景。这既是他对自己观察生活、体味生活的小结，也间接培养并发展了自己的业余爱好。

孩子参与的这些课余活动，既丰富了他的校园生活，也使他能够静下心来思考社会与生活，更重要的是，他在未来回望时还能够记起自己这些高光时刻。有回忆的人生，才有滋有味。

2019 年高考结束后的暑假，是周康度过的最轻松的假期。宅在家里，阅读和写作是他主要的消遣方式。从暑假开始，他大概用了半年时间写作了科幻小说《猎户座行动》，有近六万字。故事的脉络及人物关系等都比较清晰，脑洞大开，可能是参考借鉴了刘慈欣《三体》吧。我花了几个晚上认真阅读，之后与他交流了我的观感，提了一些意见建议。我还奇怪，他并没有把这个作品在微信或者其他渠道传播。他当时告诉我，构思和写作的过程才是他在意的，至于是否有人欣赏倒在其次。这两年我回过味来了，可能他的朋友圈早就把我屏蔽了吧。

高中阶段虽然学业任务很重，但假期里布置的作业似乎并不多。周康经常在假期还未过半就已经完成了书面作业，剩下的时间他会投身于课外阅读之中。整个高中时期，我都给他订阅了《国家人文历史》杂志。这本杂志很有意思，譬如 2019 年端午节前的第 11 期，近三分之二的篇幅都在讲述端午为什么成了屈原的纪念日，以及端午节对中国人文精神的影响等，浅显易懂又耐人寻味。每一期杂志我也会仔细阅读，然后向周康推荐，他看完后我俩再找机会闲聊。有意思的是，一次周康参加清华寒假学堂的面试时，出场后很得意地跟我说，一位面试老师问的问题就是某一期杂志上的，他曾经看过，回答起来自然没有任何障碍。当然，他的阅读不仅限于杂志，语文老师开列的课外阅读书目有很多好书，我和他一起到中关村图书城买了一些回来，他陆陆续续看完了不少，杂志只是他闲暇时的消遣罢了。

除了参加学校组织的西安、南京、长白山等假期游学项目，高一暑假时周康还参加了美国的游学项目，走马观花地看了美国的几所高校。不过，参观之后他的热情反而消减了不少，饭不好吃似乎是主要原因。

他从美国参观回来没几天，8月奶奶去世了。我们回南阳老家奔丧，周康第一次近距离地感受到了离别和悲伤。三年后的2020年寒假期间，我带着他再次回到老家，他在奶奶坟前恭恭敬敬地磕头，跟奶奶说自己实现了愿望，请奶奶放心吧。这短短的几句话使我潸然泪下。

多沟通，别放手，不要让父母缺席

回忆我的学生生涯，受困于当时条件的制约，绝大部分家长对学校以及孩子的了解大多来源于孩子自己的话语体系。有些家长连孩子在哪个班级、班主任是谁都说不清，学校某种程度上就是一个托管孩子的场所。所谓家长会、家校互通、家校共育等名词，很多家长连听都没有听说过。

我初二时有位杨姓同学几乎天天逃课，不是去铁匠铺看打铁，就是去油坊里看榨油，有一次又跑去饭馆给后厨拉了一下午风箱，晚上揣了饭馆老板给的两个肉包子回到宿舍。杨老爹去集市上卖粮食给儿子凑了生活费，到学校却没找着儿子，班主任老师如实相告，杨老爹溜达了一晌午，才在大街上看热闹的人堆里逮着了杨同学。一顿拳打脚踢之后，杨同学到教室里扛了板凳、背着书包、夹着铺盖卷回家去了，自此杳无音信。

一晃几十年过去，如今的乡村学校几乎和城里一样，各种先进的教学设备也应有尽有，一个微信群就可以架起家长和学校之间的联络渠道，老师不遗余力地发布着可以让家长知道的信息。譬如，学生宿舍通暖气了，教室开空调了，学校甚至提前一周就把食堂菜谱都公布了，有心的家长完全可以通过主动而有效的信息沟通，了解到孩子在学校的基本状态。当然了，总有些家长把园丁的责任都交给了教师，孩子一送到学校就如释重负，忙乎自个的事去了，等到秋风起，黄叶落，一树凄凉时，才悔之晚矣。

周康小学时始终有一个记事本，老师要求孩子每天下午放学时要把作业任务等都记在本上，拿回家给家长看并签字。小学时的家长会频次也很多，大部分家长对孩子的学习进展和学校的要求等都有比较清楚的认识。等到初中、高中时，记事本就没有了，除非有比较重要的事情，班主任和任课教师才会在家长群里通知，或者打印一张纸条交孩子带回家给家长看，大多数信息都是家长通过与孩子的交流获得的。有些家长跟孩子无话不谈，通过孩子知道了班级的很多趣事儿，偶尔在家长群里抖搂一两条，就会有别的家长惊讶不已，抱怨说自家孩子什么也不跟家长说，自己什么也不知道。

我曾经跟一位同学家长聊天，他根本不知道自己上高二的孩子都有什么科目，也不知道孩子具体的学习情况，只大致了解到孩子处于班里的中游位置。他说，家长会都是孩子妈妈去参加的，孩子平时也不跟他多说话，他的任务就是司机＋钱包。

据我的观察，跟孩子交流不太通畅的家长，十有八九说不全孩子各科教师姓什么叫什么。他们自我安慰时不外乎以下几个方面的原因：一是夫妻之间有分工，自个儿主要负责赚钱养家；二是孩子处在青春叛逆期，逆反得很，不爱跟家长说话；三是孩子只听妈妈或爸爸的，另外一位说了不管用，还会被顶撞，如此不如不说，大家都好过。还有些家长总拿"管他呢，孩子开心就行"来为自己的懈怠开脱，潜台词可能是：我管他，他不高兴；我不管他，大家都高兴。其实，这些都反映了家长在与孩子沟通交流方面的欠缺和不足，难怪他们会束手无策、无可奈何。

坦率讲，高中阶段能够跟孩子保持有效沟通并不容易，能够了解、掌握孩子的学习生活状态也不容易。其主要原因在于，家长和孩子的关注点并不吻合。大部分家长关注的是学习、学习、学习，而孩子可能更在意自己在同龄人、班级群体中的状态和别人的评价。譬如在打篮球、玩游戏、追星追剧、才艺表演等方面，孩子需要在群体中表现出"同类"而非"异类"，是"大众"而不是"奇葩"。周康曾经跟我说过，"我们课下从来不聊学习，那多没劲啊"，于是我就跟他多聊一些班级生活、校园新闻、学校午饭、体育课等话题，也跟他聊他们同学中间谁的游戏水平最高，他平常爱跟谁一起联网打游戏，等等。他的一个同学兼好友课间基本都在玩游戏，高一时还参加了全国电竞比赛，取得了相当好的名次。这孩子自控力好，学习游戏两不耽误，最后顺顺当当考去了北航。

曾经看到过一位父亲介绍经验，说儿子打什么游戏，父亲就也打什么游戏，经常是父亲打败了儿子，儿子通过游戏对父亲顶礼膜拜，亲子关系因此处理得相当融洽……这样的交流经验我不敢苟同，老照片里大清父子二人躺在烟榻上吞云吐雾的场面还历历在目。虽然游戏确实很有趣，它也不是什么洪水猛兽，但是过度、放纵地玩游戏，对家长和孩子来说都不是一件好事。家长甚至已经忘记了，玩游戏只不过是手段，和孩子的交流沟通才是目的。

时代的变迁还真给家长出了不少难题，譬如电子游戏、手机游戏又伤眼睛又伤神，还影响学习，可孩子还是喜欢玩，譬如外卖不卫生、影响健康，还多花钱，可孩子还是想吃，譬如做饭、洗衣都不会，学习成绩又不好，爱好、特长都没有，可孩子还是想去开拓自己的天空，譬如明明什么都不行，孩子却偏偏爱做仗剑走天涯的梦……

> 如今的社会，父母与孩子最远的距离是"你不说、我不知，你说了、我不懂"。特别是高中的孩子，如果处理不好亲子关系，父母与孩子就成了"熟悉的陌生人"。

通常来说，家长群会有两个以上，一个是班主任也在的群，一个是没有老师在的群。第一个群里通知和点赞比较多，第二个群里则是抱怨和牢骚比较多，小道消息漫天飞。但只要你仔细分辨，还是能够从中知道班级、教室里的一些事情。你了解得越多，跟孩子聊天的话题就越多。

交流是为了更好地互通，互通是为了更好地了解孩子，并帮助他扬长避短。在孩子的成长过程中，家长既要起到示范引领的作用，还要担负教导提醒的责任。耳提面命并不一定要讲高大上的人生哲理或者心灵鸡汤，但肯定也不能是琐碎的唠叨和一味地指责。

孩子进入高二以后，家长更要保持信息的及时与畅通。高考前有不少规定程序，譬如学籍填写、资格审查、信息采集等，如果要参加高校的强基计划，还要到学校开成绩单、特长等方面的证明材料。如果孩子忘记了，家长再不主动从其他渠道获取信息从而导致机会错过，那么补救起来会很麻烦很麻烦，甚至就此失去机会。

保持良好的交流互通渠道，是发展亲子关系的重要内容，前提是双方要相互尊重和理解。俗话说"亲戚越走越亲，朋友越走越近"，亲子关系也是如此。在血缘关系上再加上朋友式的相处，亲情、友情糅杂在一起，才能为亲子关系提供持续发展的空间。知子莫若父，其实也给所有的父母提了个醒，孩子的喜怒哀乐与阴晴圆缺你真的都知道吗？你真的理解、懂你的孩子吗？汪曾祺先生在作品《多年父子成兄弟》中，讲述了他和他的父亲以及他和他的儿子的相处方式，真如标题所说，他们把多年父子处成了兄弟般的情谊，这种无时不在、无处不在的陪伴、温情与爱，我相信是每一个家庭都希望能拥有的。

高考，陪孩子一起轻松上阵

我的高考是在 1991 年 7 月举行的，那时候全县的考生都在县一中参加考试。我住在县城距离考场很近的表姨家，我姐在表姨家给我陪考，表姨家当时家境很是一般，姐就每天上街割一斤肉，和表姨一起在厨房里做一些家常菜，多吃点肉算是补充营养了。我住在二楼（楼顶），院子里也没有树遮阴，砖混结构的屋子到了晚上七八点还是热烘烘的，表姨夫给我找了个小电扇放在房间里吹。每一场考试姐都送我到考点门口，然后拿出一支比大拇指还粗的葡萄糖口服液，敲掉顶部的玻璃罩，看着我像喝糖水一样喝掉，才放心转身走开。其他同学很少有家人陪考，个位数的升学率让多数家长和考生都表现得很淡定，尽人事听天命。

2019 年春节后，周康已经拿到了清华大学寒假学堂的"良好"评价，报考清华大学的话可以有 30 分的加分奖励，他在高三上学期的期末成绩是 667 分，跃升到了年级第 6。按照他的成绩和学校往年的高考情况，基本上算是一只脚踏进了清华的门槛。全家人都看了希望，周康自己也觉得轻松了许多，包袱和压力小了，就可能走得更轻松、更远。之后的日子里，他还是按照既往的学习习惯和生活习惯，早上在家吃过饭后骑车去学校，午饭和晚饭在学校食堂吃，晚上在学校上晚自习，晚9点1刻左右骑车到家，吃东西、翻手机、躺着听音乐、看书，或者跟我们聊会儿天，这些基本占了他睡觉前的一半时间，其他时间才是复习功课。不过他在学习的时候很专心，从来不干其他的事，即便我们把洗好的水果摆在他旁边，他也要学习完事之后再吃。

北京一零一中学为高三学生提供晚自习的便利，除了离家特别远、接送不方便的，大部分学生都在班级教室里上晚自习。学校可能担心被认为是强制上课，所有任课教师都不出面，由家长每晚轮流到教室维持秩序。家长也都很乐意，每次去教室都带了水果和小点心，挨个儿发放给上晚自习的学生，以至于有一次轮到我的时间，周康提前跟我说别再买巧克力、蛋黄派、饼干之类的了，同学们都吃腻了。利用这次机会，我把整个高三年级都走了个遍，观察到大多数孩子都很专心地在复习功课，学习效率确实比在家里要好一些。

海淀区的一模考试一般在4月上旬，二模在5月上旬，三模在5月中下旬。三次模拟考试下来，基本上评估出了考生在高考中的大致区间分布。有些家长非常重视这三次考试，不厌其烦地提前给孩子讲它如何如何重要、要认真准备等，家长的嘴皮子磨薄了，学生的耳朵也听出茧子了，精神上的压力反倒越来越大。我跟周康聊天时，只会提醒他要认真对待每一次考试，要把握每一次机会来证明自己，要像数学归纳法那样验证自己在 N=K+1 时一样能行，自己的期望值在信心和实力的条件下，就会转变成真实的存在。任何的模拟考试甚至高考，题目的难、偏、怪都不是问题，因为所有人都要一样面对，只要找好自己的位置，站稳就行了。周康一模时考出了 686.5 的成绩，列年级第 8，他自己很高兴，这个成绩不需要加分就能进入清北两校。然后，我俩对着成绩单聊他各科的考试情况，他能比较清晰地回忆起各科的失误和出错在什么方面，我重点在于提醒他知道自己是怎么错的，具体的纠错就在其次了。正所谓知错能改，善莫大焉。

6 月，高考准考证发放下来了。很幸运，周康的高考考点还在北京一零一中学，不用担心接送时交通拥堵的问题。他一大半的同学被随机安排到了附近的其他考点，有离得比较远的家长为此干脆在考点附近订了酒店。但我觉得，这虽然减少了舟车劳顿和京城交通拥堵之累，但环境的改变或许会影响到孩子的睡眠。譬如对不少人来说，酒店的枕头就是一个影响孩子入睡的障碍。

建议家长可以把孩子在家的床上用品带到酒店，让孩子能够在熟悉的枕头、被窝里尽快入睡，保持良好的睡眠是高考期间的头等大事。

临到考试那天，我和妻专门请了一天假在家里候着。我们的宗旨是，所有的准备工作都要举重若轻，不制造紧张氛围，不增加压力因素，悄悄做好下雨、头疼、感冒、拉肚子等的预防工作。在此之前的几天，我们提前跟周康商量好了考试期间的吃饭问题，一致决定还是家常菜最好，少做大鱼大肉，最多稍微变点花样，新鲜可口，让肠胃舒适即可。但是，午饭一定要快捷，孩子能够多一点时间休息会儿。

高考第一场是语文考试，我和妻陪同周康到考点大门外，看着他进去，我们就折返回家了。后续的几场考试他自个儿背着书包就去了，我们没有再作陪。但是，每考完一门后我和妻一定会提前到考点外等他。一来我们要听听、看看其他考生对考试的感受，二来也要听周康说说自己的感觉，然后帮他分析一下，以肯定和鼓励为主，让他把前一场考试的任务放下来，把发现的失误抛之脑后，得以轻松愉快地面对下一场考试。

语文考试结束出来后，周康给我们说感觉还不错，大作文他很有信心，小作文他写的是蔚秀园，还用上了园子里"云根"的典故，甚至有些小得意。我们跟他边聊天边步行回家，之前一模考试时他的语文成绩是118.5，根据他说的高考语文考试情况和感觉，我给他估了120～126的区间。他觉得高考语文是他半年来感觉考得最好的一次，这个分数肯定能行。

第一科就开门红，周康的心情非常愉快。这份心情也一直向后传递到了后续的几场考试。

数学、理综、外语各科也都是如此。最后一科外语考完，我在考点门外等着周康，他见到我很开心，边走边跟我说英语没问题，至少 140 分。我俩边走边聊，走到蔚秀园自家楼下时，我们已经大致把总成绩估算出来了，应该在 670～706 之间。到家后，我找了张纸把估算的分数写了下来，然后跟妻一说，她也乐了，"最好如此"。

6 月 23 日高考成绩公布，周康的考试成绩果然与我俩的估计几乎一致。更有甚者，他的语文考出了历史最高分，总成绩因此达到了预估的上限 706 分。妻翻出我们写的估分纸条，给我俩竖起了大拇指。那一刻，我不但给儿子点赞，在内心也给自己点了个赞。毕竟知子莫若父不是那么容易实现的，这是在我们父子间多年的交流与陪伴、观察与体会等前提下，才有了如今的收获。我们的对比估分情况如下：

科目	一模成绩	估计成绩	高考实际成绩
语文	118.5	120～126	130
数学	141	135～145	145
外语	141	135～145	144
理综	286	280～290	287
总成绩	686.5	670～706	706

这个成绩位列北京市理科第 5 名（并列）、一零一中学

的第 2 名，他所在的班级在北京市前 8 名的榜单里竟然占了 3 席，出乎了班主任霍老师和学校的意料。

或许这是天意，是对我们这个家庭这么多年来把平常日子过好、过幸福的用心与付出的奖励，也是对周康这些年来的努力、坚持和自我约束的认可。它证明了周康的付出是值得的，证明了他坚守的准则是合适的。他为自己未来的生活迈出了最为成功的一步，这些通过自己奋斗积累的经验教训，也是他今后面临新的挑战时的制胜法宝。

专业、就业和远景怎么选才靠谱

我清楚地记得，当年高考我填写的第一志愿是华北水利水电学院，想做一名水电工程师。在填报志愿时，班主任老师要求大家把所有的服从调剂栏都打上对钩，师范类院校提前录取，我就稀里糊涂地被调剂到了河南师大的数学专业。本来是"自由恋爱"，却给搞成了"包办婚姻"，后来我又考取了天津大学第二学位，并最终在北京交通大学实现了自己的职业梦想。人生可能就是这样，如果按部就班、一帆风顺的话，那么生活的趣味就大打折扣了。

蔚秀园的东门正对着北京大学的西门，往北走是清华西路，清华西路往东是清华西门，这两所高校挨得就是这么近。疫情以前，出入清华、北大的大门还是挺便利的。我曾经骑车进到清华园，把电子工程系大楼逐层仔细看了一遍。

晚上九点多了，亮灯的房间里一群学生依然在用心苦读，走廊顶头的小沙龙里，也总有学生三五成群地讨论问题，这种浓厚的学术氛围让我很是羡慕。我跟周康聊天时也提到过他大学和专业的选择，寒假学堂我们报的就是清华大学，填报的专业也选择了电子信息类。等到高考成绩公布的一个上午，我们接到了清华大学招生办的电话。我们仨抓紧赶到了清华园，接待的老师问我们想上哪个专业，周康跟现场一位计算机专业直博的学长聊了一会儿，决定选择计算机专业。他跟我俩解释说，毕竟他从小学开始就在上计算机课外班，获奖证书中也是信息奥赛居多，也许在今后的学习中他能够找到计算机专业真正的乐趣。

学校和专业都选好了，我们仨分别给班主任霍老师、爷爷、姥爷、姥姥他们打电话。大家听到这个消息都沸腾了，爷爷激动得话都说不全了，嘟嘟囔囔地说，要是奶奶在世的话，她听到这个消息该有多高兴啊，我的眼圈红了好一阵儿。然后，我们仨开车去了附近的美食街，美美地吃了一顿石锅烤肉。等到我们已经酒足饭饱了，北大招生办才打来了电话，向我们发出邀请。三人相视一笑，婉拒了北大的姗姗来电。

我也跟大多数家长一样，曾经纠结于孩子的大学专业以及未来的发展方向。如今再回头看看，实在是有些多虑了。大学里的不同专业，就如同北京动物园里的不同展馆，家长喜欢大象馆，孩子可能喜欢熊猫馆，你非要拉他去看大象，他可能就会别别扭扭，不情不愿。

我在学院工作的时候，经常有大二、大三的学生被学校给予学业警示谈话。他们之中有不少人表示不喜欢自己的专业，要问他们当初为什么选择这个专业，大部分学生的回答是父母替他们选报的，觉得这个专业将来就业前景好。有一个学生给我的印象很深刻，他说他对机械工程非常感兴趣，高考发挥得好，可以被学校的高分专业通信工程录取，于是父母反复跟他念叨弱电类专业的未来一片光明，相比之下机械制造的未来压力山大，结果他妥协了，但入学后他对电路、电磁场、信号处理等相关课程提不起兴趣，不小心还挂了一科，丧失了转专业的资格。他说如今自个也不埋怨父母了，能混到毕业也算是给他们一个交代，后边的路走一步算一步吧。

虽然说兴趣是最好的老师，但是大部分中学生对自己未来发展的兴趣定位是不准确的，或者说是不客观的，好高骛远、急功近利的不只是他们，也是成年人的通病。如今是全媒体时代，只要你想了解哪一个专业及其就业前景，基本上都可以从网络上查找到相应的信息。我建议有条件的家长，在了解自家孩子综合素质与优缺点的前提下，再给他提供一些学校和专业方面的建议，至少在态度上让孩子感到父母是关心和关爱他的，而非逼迫。尊重孩子，就要尊重他慎重思考后的选择。

> 如果父母不能通过和平的方式去改变孩子的选择，那最好把决策权交给孩子，让他对自己的选择承担起他应有的责任。

2022 年的暑期酷热难当，加之疫情起落不定，我们大部分日子都宅在家里。有一天，我整理计算机里的文件的时候，竟然翻出了周康小学六年级时的一篇作文。看完我自己先乐了，孩子十年前写的文章，说的不就是这两年疫情肆虐时的线上教学吗？不过话又说回来，能够在小学时期把自己未来的生活描述得如此接近现实，我要给周康点一个大大的赞。全文如下：

十年后的我

阳光透过窗户照在写字台上，电子日历定格在 2022 年 12 月 22 日。又是一个冬日的早晨，我合上书，打开电脑，准备开始网络在线会议。

十年后的我，是清华大学的一名大学生。我的另一个身份，则是新教育软件开发小组的程序设计员。我们的研究小组正在开发一种电子教室，如果能够成功，将会给现在的教育方式带来翻天覆地的变革。到那时，学生们不用每天背着沉重的书包，搭乘拥挤的交通工具，精疲力竭地赶到学校，而是可以在任何地方打开电脑，进入电子教室上课。当然，也可以在家里。

此外，电子教室还有许多功能，这比在学校上课更便捷，老师可以把试卷和练习以文档的形式发给学生，学生也可以向老师提交作业和试卷。不仅如此，在课余时间，学生之间还可以交流学习心得、讨论难题，以及向在线的老师提问。

我们这次的在线会议，使用的就是电子教室的初期版本，这个版本在清华大学的几个班级已经开始试用。当然，在推广应用之前，我们还要再进行优化。

我在清华大学学习的日子就要结束了，因为我已经向美国哈佛大学申请到了学习的机会。我要去哈佛大学继续深造，为实现我成为世界顶级程序员的理想而努力。

交大附小　周康

高中生的年龄一般在 16 ~ 18 岁之间，青春期的尾巴时不时地拂拭着他们心灵的窗户。他们的自我意识逐步增强，希望别人了解和尊重自己，敏感的自尊心与潜藏的自卑感始终并存，受到挫折和被孤立都会使他们感到沮丧，他们开始质疑、深究、激辩，接受新事物容易，但看新问题容易剑走偏锋。他们的内心世界活跃而多变，感情开始内隐而且有表里不一的外在表现，对异性的兴趣增加，容易兴奋也容易波动，会因感情用事而导致不计后果的冲动。有一首歌叫《阳光少年》，其中的几句歌词描绘高中生的心态还是挺贴切的："我看见窗外，有尘埃飘落；我看见露珠，阳光下闪烁；飞扬红尘里，我们闪避腾挪；却在迷茫中慢慢慢慢失去自我……我看见泪滴在你脸庞滑落，我看见笑脸掩饰住失落；冬天的校园，梅树绽放出花朵；你该看看这满眼的蓬勃。"

就我的观察来说，阳光少年一般来自阳光家庭。父母心态阳光，家庭和谐友爱，每个成员既有责任又有担当，既能感受到爱，又能培育和创造爱的氛围，安全感、获得感、幸福感就一定会如期而至，推动着家庭正向前行。丰子恺先生说："这个世界不是有钱人的世界，也不是无钱人的世界，它是有心人的世界。"有心去做，便要用心去落实，教会孩子如何做人，更要指点孩子如何做有心人。对父母来说，教育好自己的孩子可能是一生中最重要的事。高中阶段是孩子实现人生跨越的重要时期，有些父母心有余而力不足，在衣食住行以外不知道如何更好地帮助孩子，其实你只要不缺席孩子的成长，对他们多些耐心，多些沟通，多些陪伴，多花点心思，就会让孩子相信，未来的生活是值得努力奋斗的，自己的梦想是可以逐步实现的。

高中阶段的孩子，他们大部分的身高已经能跟父母并肩甚至超过了父母，他们的目的性大大增强，能够控制自己的心智，性格特征也趋向稳定，自我意识与获得理解、尊重的愿望强烈，生理发展趋于成熟。但是，由于他们还没有真正经历成人社会的淬炼，因而容易冲动、缺乏理智，想象丰富而惑于情感，渴望交流而懵懂于社交，自傲于群体而自卑于独处，像振翅欲飞的雏鹰，胸怀着翱翔蓝天的壮志，却不得不困居于狭小的巢穴，且依赖于父母的喂养。

"小学看家长，初中看学校，高中看孩子"，有人说这是民间的顺口溜，也有人说这是教育界的共识，我觉得其中是有一定道理的。小学阶段是孩子培养习惯、锤炼性格的关键时期，需要家长给予最大限度的陪伴和引导，家庭教育对孩子的影响要大于学校老师的教育；初中阶段是孩子青春期懵懂的阶段，他们开始形成自己的主观世界，开始出现对抗或叛逆的行为，心理上有远离父母的趋势，而老师的教导、引领开始发挥重要的作用；到了高中阶段，大部分孩子对自己的人生和未来会有一个比较明确的规划，譬如高考、专业、就业、志向等，他因此需要付出实际行动来达到自己的目标，内生的动力驱使他自主、自觉地去做自己认为正确的事。高中阶段孩子的家长，更多的任务是做好运动场上的后勤、观众和啦啦队，做好后勤服务，同时加油鼓劲、摇旗呐喊，然后远远地欣赏孩子冲线的瞬间，而不是踏上跑道，充当教练员、裁判员的角色。

前些日子看了著名作家梁晓声的作品《人生真相》，其中有句话说"可怜天下父母心，其实是可敬天下父母心"，我认为很有道理。但是，要实现从"可怜"到"可敬"的转变，家长也要做个有心人才行。

周康的高中三年中，其间有一年我被单位派到通辽市科尔沁左翼后旗挂职。当地那时候还没有高铁，回京要坐十几个小时的绿皮车，两个月才能回家一次。虽然此前就家里的事情跟妻儿都说妥了，但毕竟远在千里之外，很多事情都鞭长莫及，我撂下的很多事都辛苦了妻，需要她肩扛手提，家庭生活中的陪伴就只剩下了手机两端的抚慰和沟通，两厢牵挂。好在周康当时已经上高一，能够在家务上给妈妈搭帮手了。我们每周通一两次电话，跟周康如往常那样聊天，他还是会讲些我感兴趣的话题，有时还提醒我要照顾好自己，我该说的、该叮嘱的基本也没有拉下，父子之间没有因距离而产生隔阂，反倒是有了更多牵挂。正如 2022 年热播的电视剧《人世间》里周蓉说的话："这世界，你在意的人和在意你的人，其实就这么几个，这就是你的全部世界。"这句话很深刻。

高中阶段陪伴大总结

期望 我并不期望他能赞同我的所有观点，家庭教育的目的从来就不是同质化，谁都不要指望后代跟自己完全相似，有差异和距离才是正常的。

陪伴 青春期孩子的情绪像夏天的天气一样，须臾之间就能风起云涌。如果父母不在身边陪伴，沟通不及时、不到位，孩子得不到家长的情绪扶慰和疏导，就可能引起性格和心理的不好变化。因此有条件陪伴孩子的，最好还是让孩子能够享受到家庭里的爱与尊重。

朋友 与其在孩子耳边喋喋不休地说教、劝导，不如静下心来帮助孩子分析，让他自己找到问题的答案。他们更愿意父母是他们的"大朋友"，是倾听者、建议者、信赖者。

话题 话题的寻找有时很重要，不是随时随地、信手拈来就行的，也不是简单地投其所好、有意逗乐，其实是考验父母对孩子的关注、了解程度如何。

自识　建议他对自己的学业状态要有清晰的认识，不要笼统地用"差不多""还可以"一概而论，而应对自己的每一门课业都能有比较恰当的点评。知兵知将，由点及面，才能统率全军。

游戏　家庭生活的重要内容之一，就是帮助孩子在不同时间段培植不同的兴趣点。孩子可以玩游戏，但要有节制，有时间观念，家长要提醒孩子，现实生活中的快乐远比虚拟空间的快乐更真实、更有意义。

课余　出京的游学，市内的参观，校内的讲座，围绕特定节日的文艺演出等，这些既丰富了孩子的课余生活，又开阔了眼界。

关注　家长和孩子的关注点并不吻合。大部分家长关注的是学习、学习、学习，而孩子可能更在意自己在同龄人、班级群体中的状态和别人的评价。

应考　我们的宗旨是，所有的准备工作都要举重若轻，不制造紧张氛围，不增加压力因素，悄悄做好下雨、头疼、感冒、拉肚子等的预防工作。

选择 有条件的家长，在了解自家孩子综合素质与优缺点的前提下，再给他提供一些学校和专业方面的建议，至少在态度上让孩子感到父母是关心和关爱他的，而非逼迫。

不缺席 高中阶段是孩子实现人生跨越的重要时期，有些父母心有余而力不足，在衣食住行以外不知道如何更好地帮助孩子，其实你只要不缺席孩子的成长，对他们多些耐心，多些沟通，多些陪伴，多花点心思，就会让孩子相信，未来的生活是值得努力奋斗的，自己的梦想是可以逐步实现的。

7

闲话大学阶段

《2021 年全国教育事业发展统计公报》指出，全国共有高等学校 3012 所，其中普通本科学校 1238 所，其他为职业本科、高职（高专）、成人学校等，在学总规模 4430 万人（居世界第一），其中普通本科在校生 1893 万人。教育部近期发布，2023 届全国毕业生首次突破 1100 万，考研报名接近 474 万。如此庞大的体量，与中国的人口规模直接关联，当然也为国家的经济社会建设提供了直接的人力支持。周康和他的同龄人都是这 4430 万群体中的一员，但如今的大学生跟二三十年前的父辈已经不可同日而语，时代的发展赋予了他们新的内容和新的挑战。

我的大学生涯始于 1991 年，当时的高校就业率基本上是百分之百，大家首先没有就业的压力，学校里没有学分制，没有选课，全班一张课表、一个固定教室，考试的压力也不大，奖学金的比例又太低，因此顺利毕业拿到学位证和毕业证就行，日子过得是优哉游哉。那时候宿舍里四张床上下铺，一共安置 6 个人，一个月大概发 60 块钱的伙食补助，天天早上跑早操（周末除外），打牌、下棋、跳交谊舞、看电影以及各类运动就是学生们主要的消遣方式，有时候做家教一个月还能挣到三五十块钱不等，没有内卷，似乎也不是躺平……到如今，同学们在群里聊天时，经常怀念当年那段最美好的时光。

那时候的物质条件还是比较艰苦和单薄的。没有互联网，没有电脑、手机、微信，信息主要来源于学校广播站播放的《新闻联播》和图书馆前的报刊栏，相互间的交流无非是面对面或者书信两种方式；没有高铁和高速公路，春运时的绿皮火车能挤得让人绝望，长途汽车四处漏风，一路上冷得人牙齿直打战……周围的一切都体现了按部就班的慢节奏，你感觉不到外部世界已经出现了变化。

一直到大二下学期，学校里才开始有了计算机课、BASIC 语言，班级一下子都全勤了，不用点名，但僧多粥少，两人才能均摊到一台 286 计算机，先到者先用。常见的情景是，这边机房刚一下课，从教室到机房的 500 米左右路上都是奔跑的人，全班同学都开始了冲刺，能亲手操作计算机且正确输出编程结果，在当时是一种很自豪、很神奇的感觉。

时光荏苒，如今的大学校园与其说是象牙塔，不如说是一座熔炉更恰当：天南地北乃至中国与海外的不同文化、观念与习俗在这里碰撞，如同社会大戏台的缩影，同样也包罗了世间百态、人生万象。不过，与真实的社会场景相比，现在的大学校园仍是专属于大学生自己的舞台，是他们未来走向社会的演练场，大学生是自己的导演更是主演。网上有句话比较传神：平庸的大学生活是相似的，不平庸的大学生活则各有各的精彩。

大学之大，大在何处？

儒家经典《四书》之《大学》言道："大学之道，在明明德，在亲民，在止于至善。"开宗明义就指出了大学的宗旨是弘扬"德"，大学的育人目标在于道德的提升，这种提升从个体开始，然后推己及人，对周围环境和社会起到示范作用。虽然彼"大学"与当今的大学不可同日而语，但还是有不少大学在各自的校训里体现了对"德"的尊重，如香港大学"明德格物"、南方科技大学"明德求是，日新自强"、福州大学"明德至诚，博学远志"等，至于河南大学的校训，则直接将《大学》开篇浓缩为"明德新民，止于至善"八个字，清华大学的校训"自强不息，厚德载物"则来源于《周易》"天行健，君子以自强不息""地势坤，君子以厚德载物"的诗句。

浓缩的，自然是精华所在。某种程度上来说，一个大学的校训就是这所大学的永恒追求，是学校人文精神的核心展现。

2019 年的秋天，大概是国庆节后的一个周末，我和妻闲来无事，借着给周康送衣服的机会，在清华园里溜达了半天。周康做向导，我们仨从紫荆学生公寓出发，随意地在校园里走着，秋日阳光正好，校园里斑斓多彩，每一栋安静的建筑与进进出出活动的清华学子相互映衬、动静相宜，那种深厚的文化气息在校园里若隐若现，轻触着行人访客的心田。我问周康，入校一个多月感受如何？他若有所思地说，校园大、牛人多。我接着问，牛人是指他身边的同学吗。他说是历史上的牛人多，譬如民国时期的王国维、梁启超、赵元任、陈寅恪"四大导师"，艺术博物馆门前就有他们的雕像，书本上记载有他们的往事，如今就在校园里、在自己的身边……他说，他会珍惜在清华的学习时间，让自己有一个比较满意的结果。

其实，并没有哪位老师亲口告诉周康和他们的同学，清华希望他们能够成为什么样的人。就好像一个显赫、荣耀、人口众多的大家庭，代代相传最根本的不是产业和财富，而是家教和家风，耳濡目染之下，带给后来者的是荣誉感和凝聚力，更是前行的动力和希望。

2022 年清华新生开学典礼，殷雅俊教授作为教师代表发言，他讲述了大变局下国家面临的挑战与清华的责任，指出了清华的使命所在与清华人的担当所在，并建议新生们去理解知识的深度和广度，要有长远的定位，不应该仅仅是学习者和继承者，还应该是思想者和创造者。这个发言我认真地读了，娓娓道来，没有豪言壮语，没有心灵鸡汤，纯粹就是学长给学弟学妹的进学之道。

此前，朱镕基同志曾经做过一个告别清华的演讲，他说："我没有忘记清华对我的教育，没有做有愧于心的事情。我对儿女很严格，虽然他们没有上清华，但是身上有清华的精神。"说句玩笑话，我倒是希望由于儿子在清华上学，自己的身上也能沾染一点清华的气息。

大学和它的学生各有各的目标，一个是我想让你成为什么样的人，一个是我想成为什么样的人。就像父母和孩子之间很少有高度一致的时候一样，大学与学生在四年或者更多的时间里要想渐行渐近的话，必要的沟通互动是必不可少的。

跟大多数高中毕业生一样，周康对于大学的最初感受除了憧憬，更多的是懵懂和期待。刚入校时，他并没有什么明确的目标，我和妻跟他聊天，话题无非是宿舍、班级、食堂、同学等，他大部分时间都是轻描淡写地回几句"没啥，挺好的"。他的轻描淡写淡化了我的好奇，似乎一切都在他的掌控之中。其实，这时候我们之间的沟通已经没有过去那么频繁了。如果实习司机已经能够独自开车上路，那么副驾驶位置上的说教和指点就应该消停下来。

我当年对大学的愿望就是能借此换个饭碗，摆脱面朝黄土背朝天的日子。至于大学能否改变或者改造我，我压根就没有想过。记得刚入校的时候，一个大四的赵姓学长兼老乡跟我们几位新生聊天。他说，不要把希望寄托在学校身上，要自己去发展自己，天天都有进步不大可能，但是日积月累地坚持下来，一年过后再回过头来审视自己，看看自己是否有所进步，再跟周围的人比一比，看看自己的进步是多是少，就这样审视自己走过的路，就可以了。如今回想起他的话，感觉颇有道理，做人其实就是一个不断审视自己、提升自己的过程。

选专业最怕"上错花轿嫁错郎"

过去的大学专业选择，大多是高中时学校的老师推荐或者家长给安排、指定的，有时候还需要服从调剂，可以说很多人的专业都不是自己填报的，多少有点包办婚姻的样子。如今的家长和考生在高考报志愿方面，仍然会有些纠结。寻常的看法认为，专业与职业、行业、事业等联系密切，如果"上错花轿嫁错郎"，那可就麻烦了。从一个过来人的角度来看，大学选专业其实只是一次人生定位，它不是结婚证，而更像是驾驶证，是开摩托车、小汽车还是大货车、挖掘机，是一路通畅还是被频繁罚分，都取决于你固化在驾照背后的技能和水平。重要的是，你一定要学得好、用得好。北京有六七十家驾校，交通警察处理事故时，从来不会问司机是哪个驾校毕业的，可能只有当事人自己在意自己的出身。

姑且不说中国的大学有三六九等之分，单就某所大学的所有专业而言，也有甲乙丙丁的区分，录取时的分数差别就是例证。如果你登录某家 211 高校的招生网站，你会发现他们有的专业竟然有国家级一流本科专业、国家级特色专业、国家级综合改革试点专业、国家级卓越工程师计划专业等称号，你还会发现有些课程竟然是国家级一流课程、国家精品开放课程、国家级精品课程、国家级双语教学示范课程等。如果你再关注师资的话，还会发现这所大学里院士、知名学者、教学名师等头衔众多，看起来非常高大上，似乎自己的孩子一旦进入这所大学、这个专业，就跟进了保险箱一样，可以十拿九稳地有一个辉煌的前程了……然而，这些光环都是外部因素，对于学生来说，真正的保险来自自己的思想和行动。正如墨菲定律所展现的心理效应那样：如果事情有变坏的可能，不管这种可能性有多小，它总会发生。因此，没有十拿九稳的专业前景，一切都来自个人的努力。

我工作的北京交通大学处在 211 高校的排头位置，如今又是双一流建设高校，录取分数在不少省份都在前列，能被录取的学生都可以算得上是佼佼者。我曾经做过 2004 级、2008 级两个不同专业班级的班主任，新生入学第一天一般会有班会，每位同学登台作自我介绍的时候，你会看到一张张踌躇满志、斗志昂扬的笑脸，他们对大学、对专业、对校园生活充满了期待和向往，每个人都透露着肆意的张扬，都满怀理想。入学一个月后，我让他们把自己对大学四年的目标和拟实现的过程手写在一张纸上，交给我收藏。事后我一页页地翻看，能够感受到一个个梦想正在交大校园里萌芽生长。

我的第一届学生毕业时，全班同学在附近一个饭店聚餐，邀请我参加。我带着他们大一时写给我的那张纸去了，现场一一分发给每一个人。有人看后趴在桌子上号啕大哭，有人则沉默无言。啤酒的泡沫荡漾在灯光下很快消散了，有多少的人梦想是否也像这泡沫一般消散了呢？

老实说，回看陪伴这些孩子成长的几年时间，我的回忆和感慨颇多。我既见证了大部分孩子不停地奔跑，然后成功到达彼岸的前行历程，也目睹了少部分孩子跌跌撞撞，最后自暴自弃的狼狈之相。这种陪伴让我难忘，其中既有见收获盈满的欣慰，也有见废耕罢锄的失望。每个学生都有自己的内在驱动力，如果能和他的专业匹配，他才有成功的可能；如果不相匹配，他就无法享受耕耘的过程，也就无法收获果实。

在大学里，学生真正的学习动力一定是发自内心的：我对这个专业很有兴趣，我对专业所对应的行业充满了期待，特别想进入我喜欢的行业、公司施展我的才华，成为行业翘楚。当学生有了这个动力的时候，他自然而然地会为他的目标努力。

我在周康进入清华后，也跟他断断续续讲了我当班主任时的经历，跟他聊了专业和班级的事，也说了当年我的几个学生是怎样一步步走到延期毕业的境地的，他很坚定地摇头说"放心吧，我不会的"。他的专业计算机是他自己选的，他的兴趣兴致也在这方面，投入在学习上的时间和精力还算可以，到了大三过后，他的专业排名已经保持在前 30% 以内，不但能够支撑他完成大学期间的学业，还能够保证他大四的保研或直博等基本入围条件。

大四国庆节期间，我跟他聊起了他的班级，他说有少部分同学保研无望，正在准备考研、出国或直接就业，还有个别同学由于就业压力而主动选择延期毕业的。对于大四毕业生来说，不管是清华、北大还是其他高校，快乐的感觉可能来自多种多样的原因，但是悲伤的源头大部分来自学业、就业、爱情这三个主要方面。正所谓月儿弯弯照九州，几家欢乐几家愁。

不同高校间转学很难，但校内转专业则相对容易些，给了学生重新认识自我、重新规划自我的可能。例如，复旦大学给予学生两次转专业机会，对转出的人数和学习成绩排名均不做限制；西安交通大学、东南大学等实行"申请不设限，转入需考核"的方法，学生需参加考试或面试，通过后才能获得转专业资格；北京中医药大学则对转专业人数设定上限，等等。周康的室友中有两人都是京外地级市高考状元，其中一位在大一下学期时转出，另一位则同时期转入，到了大四的时候，好像转出和转入的结局都还不错。

不过，转专业也需谨慎。在我带过的两个班级里，都有大一结束后新转入的学生。据我后来的观察，他们毕业时的成绩可能只处于中上游的位置，还达不到轻松保研的程度，有的学生在原专业本来还很优秀，转到新专业后很快就泯然众人矣。究其原因，不外乎两点：一是既要补没有学过的课程，又要学习新的课程，学业压力大；二是与新舍友、新同学的磨合期较长，人际交往不好适应。考研名师张雪峰点评大学转专业现象的两句话很有意思，"要是能学好，我还转什么？""我学得很好，为什么要转？"

大学里的一些专业跟人们想象的不太一样，譬如给排水专业，处在大多数家长和考生的专业鄙视链底端，实际上这个专业绝对不是天坑专业，学生毕业后可以从事给排水、暖通、空调、市政水电等职业，社会需求很大，就业前景和发展空间都是比较不错的。我认识的一位给排水专业硕士研究生，毕业时很轻松地拿到了在京高校的户口和编制。类似的专业还有很多，而一些听着名字很光鲜，实际上就业市场萎靡不振的专业则真的应该谨慎选择。譬如会计和金融之类，我个人认为，这类专业的绝大部分学生如果没有经过真刀实枪的职业训练，那么除了考研，基本上没有太多的出路。

孔雀开屏，校园生活两面观

在大众眼里，大学校园生活是多姿多彩的，清华大学想必更是如此。我跟周康聊起他的大学校园生活，他告诉了我一个不太一样的答案。首先，他觉得在清华，学习的压力比人们想象得要大。同学里的牛人很多，还都很勤奋，因此内卷得厉害。其次，大学生活还是很快乐很丰富的。他大一时参加过科协，当了班级的文艺委员，还是系里游泳队的队员，暑假时还做了系里的招生咨询志愿者，大一大二的两个学生节时他重操旧业，既当编剧又兼导演，制作了两个微视频《走进贵系之量子波动探秘》与《处处卷》。当然，可能还有他没有告诉我的其他方面……最后，大三以后，因为有保研的目标任务在身，他和同学都纷纷联系导师，参与科研项目、进实验室成了学生们的首选。

清华的本科宿舍条件很好，走廊里有淋浴室，楼下有自动售卖机和洗衣室，本科生每 4 人一间屋，每个屋子都有阳台，两个阳台之间是一个中厅，靠墙是大壁柜，可以存放被褥、行李箱等大物件。中厅里有一张大桌子和几把椅子，大家可以围坐在一起搞个生日晚会之类的活动。有同学就曾从家里带来了麻将，一群学生饶有兴致地玩了好长时间，周康也参与其中。

疫情三年对于在校学生来说，也有许多不利的影响。譬如没有了假期京外社会实践的机会，且大多数活动都在线上进行，感觉就差了很多。周康和他的同学基本上都宅在宿舍，系里和班级活动组织的也少，他们也参加得少了，惰性增加了不少，对外界的关注度也下降了许多。

清华大学一共有4个运动场，还有射击馆、游泳馆等体育设施，3000米跑和游泳是男生毕业的必要条件，无体育不清华的理念全校皆知，"五道口体校"确实名不虚传。周康的运动欲望一般，属于能躺着绝不会站着的那种。游泳对他来说没有问题，但作为教学计划内容之一的3000米长跑，对他来说就是一个很大的挑战了。他不得不跟同学一起每周2次3000米打卡，四年下来他的体育成绩得到了1个A-、2个B-、1个D，马马虎虎吧。他还选修过网球等课程，不是因为爱好而是单纯为了获取学分，所以考核一通过就放到一边了。相对于清华大学提供的众多体育设施而言，他算是浪费了不少本可利用的资源，不能不说是一个遗憾。有些事情强求不来，我也不奢望他能成为孔武有力的健壮汉子，只希望他健健康康、平平安安就行。

大学里最宝贵的资产是它的师生，清华更是如此。清华大学老校长梅贻琦曾说："所谓大学者，非大楼之谓也，乃大师之谓也。"也有人总结说："大学最宝贵的财富是学生，他们是大学质量的体现者、精神的传承者。"如今看来，这个师生群体现在已经或将来一定会有一部分人处于中国社会的顶端，在社会发展中彰显着清华大学的理念，承担着社会的责任，当然也收获着个人的成功。虽然大多数人可能最终仍会归于平淡，过着平常人家的普通生活，但他们毕竟因为清华而在社会的枝蔓上闪亮过。

知乎上有清华学生说，清华毕业生较为明显的特点是书生气十足，而社会经验不足，不懂得、不善于与形形色色的人打交道，生活智慧欠缺。我跟周康聊天时谈过这个话题，我的理解是，清华学生要先放下名校的光环，放下曾经的辉煌和端起的架子，脚踏实地地关注并积极融入周边的环境，才能将所学发挥到最大作用。在当下和未来，我希望周康能够善待、团结自己的同学，能够尊重校园里的每一位教职工，在学校的小环境里能够做到理解与尊重他人，未来进入职场社会应该就能适应得更好、更快一些。

孔雀开屏固然绚丽多姿，可转过身再看就不如人意了，大学生活也是一样。以我当班主任时带过两个班级的经验来看，大学生大致可以分为进取者、追随者、躺平者、颓废者四类。我在后两类学生身上花的时间和精力最多，主要任务就是督促他们正常毕业。

如今的大学校园跟十多年前又不太一样，学生的经济状况普遍提升，快递外卖唾手可得，又有了 ChatGPT 和线上教学，他们在享受科技进步带来的便利的同时，网络、手机成了他们的生活必需品，好像鱼儿离不开水一样，却又时刻被这些外界的东西包围和侵蚀。饮食不规律、作息不规律、缺乏持久的体育锻炼、沉溺于网络游戏等，这些行为在大学校园里普遍存在。互联网和智能手机对大学生的学习、社交、消费、休闲、身心健康等，都产生了深刻的影响。有人开玩笑说，如今的大学生是 20 岁的年龄、50 岁的体力、60 岁的腰、70 岁的颈椎，以及 10 岁的情绪管理能力。就我的观察来看，并不全是夸张。

对周康这一代人而言，疫情三年对他们的影响既有当下的，也有长远的。譬如清华的寒暑假社会实践、社工机会等，都被居家和线上活动所替代。这三年又是中美博弈的关键时刻，内里外部的风霜雪雨也改变了孩子们对未来的设想，周康的同学们不再将去大洋彼岸留学作为首选，很多人选择加入国内的考研大军。当然，他的同学中也有人选择直接就业，追求舒适惬意的生活。我真心希望，周康和他的同学们将来回忆起大学时光，不只是"曾经沧海难为水，除却巫山不是云"，不要让清华毕业成为他们一生最大的成就。

情商、情感与情怀，一个都不能少

通俗的解释，情商就是管理情绪的能力。戈尔曼在1995年出版的《情商》一书中提出，情商是人类最重要的生存能力，个人成就至多 20% 可归诸智商，其余 80% 则要受其他因素（尤其是情商）的影响。他在此后的系列作品中强调了情商比智商更重要，阐述了情商已经成为一种关键的领导能力，是企业和团队取得进步、达到预期目标的重要因素。

> 戈尔曼的情商理论可以简单归纳为认识自己、管理自己、激励自己、认识别人、管理别人这五个方面，我的理解就是要学会与人打交道，知己知彼方能百战不殆。

人们过去常说一些大学生高分低能，通常的意思是说大学生除掌握书本知识外，在社会生活中动手能力、适应社会能力等比较差。如今还可以换一个说法，那就是智商高、情商低。对于 00 后的大学生来说，这其实是他们从学校走向社会的必然阶段和必然特征，也正如我们当年一样，梦想、热情、理想随着肾上腺素的升高而遍布全身，在社会上撞墙、磕脑袋不足为奇，一不小心还能摔个人仰马翻。正所谓吃一堑长一智，未来才能不再犯类似错误。

有清华学生在知乎上发文，认为清华大学课程学业压力太大，忽视了学生的情商培养，难以给学生充分的自由去拓展自己的生活，很多男生大学四年都没谈过恋爱，没接触过社会，没交过多少朋友，讲话时显露出与年龄不符的学生气，幼稚劲十足，工科院系的学生尤为明显。中国青年报社会调查中心与搜狐网教育频道联合开展的一项调查显示，56.8%的人认为现在的大学生社会化不足，单纯幼稚，对实际工作不适应。同时，人际交往和团队协作超过了学习科研，被选为当代大学生在大学期间最应该注重培养的能力。

对此，我跟周康聊他的班级和同学时，他并不认同"幼稚"这个评价。他觉得，大学生的"幼稚"其实是社会经验不足所致，随着学习、成长和毕业走向社会，越了解社会，就越能适应社会，所谓的"幼稚"自然就烟消云散了。

也有清华学生在知乎上写道：一方面沉下心来积累专业技能，另一方面要有国际视野，积极与他国人才进行沟通，积极融入国际语境，锻炼自己与人沟通、把事做成的能力，同时学习西方大学最宝贵的精神——反思与解构自己，形成一套自己的方法论，结识行业人才，构建自己的资源意识，这才是清华大学生与其他大学生的区别所在。

这其实就是我国高等教育提倡的全面、均衡的综合素质培养。我跟周康聊过很多次有关综合素质的话题，我跟他说，如果只具备计算机专业技术能力，那么未来只能是一个地道的码农，别人安排啥你就干啥，只能是系统内部一个规规矩矩的齿轮，没有太多进步的机会。周康对此深以为然。

家长追随着孩子的成长而不断转移自己的视线，即便是到了大学阶段，家长们还是很快就建起了家长群，妻不但加入了周康班级的家长小群，还加入了京籍清华家长大群。孩子大一时，家长群还热闹了一段时间，从大二开始这两个群基本上就变成了相亲群，家长们的态度基本一致，鼓励孩子有合适的对象就抓紧，保持优秀的学习成绩是必要的，但恋爱的经历对孩子来说也是宝贵的。

我曾经仔细浏览群里家长的发言，普遍的观点是00后的孩子情感不够丰富，他们更相信缘分，而不愿意主动在感情方面投入太多时间和精力。我的观点则是，00后个性鲜明，自我意识强烈，他们不愿意太多地表露自己的情感，也不愿意倾注过多的时间和精力来改变别人或者适应别人，我就是我，做好自己就行，对于征服别人或者依附别人没有太大的兴趣。

其实，如今都市的大龄未婚青年大部分也是同样的想法，既然能经济独立、生活独立、个体独立，干嘛非要结婚，去面对那难以驾驭的二人世界，过那种自己不想要的生活呢？随着青年人对于社会和婚姻的认知改变，他们更多更多关注自我发展，而更少主动去迎合、适应别人。

从情商到情感，其实是相互关联的，高情商的人一定是情感丰富且善于自我管理的人。情感与人的社会性需要紧密联系，它是随着心智的成熟和社会认知的发展而产生的，体现在求知、交往、艺术陶冶、人生追求等社会实践过程中；它也是人的内心深处的体验，比较内隐且具有长期稳定性，深沉而久远，不会轻易流露和改变。一代伟人周总理让无数国人和外国友人缅怀至今，尼克松回忆他在1972年访问中国时，"周恩来无与伦比的品格是我得到的最深刻印象之一，他没有架子，但却很沉着坚强。他通过优雅的举止和挺立而又轻松的姿态显示出巨大的魅力和稳健。"谦谦君子、温润如玉，周总理融合了智慧、学识、道德、情感等多方面的特质。我和周康都把周恩来视作自己最崇拜的人，高山仰止，景行行止，君子如兰，百年遗香。

情之所系，心之所向，大学其实是培养个人情商和情感的最佳场所。我个人认为，积极参与实践活动、处理好人际关系、阅读与写作是提升自身的几个主要途径。实践不只是泡实验室，也包括参加社团活动、体育比赛与运动、实习以及担任社工与志愿者等，这是大学生学习待人接物、锤炼自己的绝好机会。

《增广贤文》里有句话，不经一事，不识一人；不识一人，不懂一世。话虽然有些夸张，但的确有些道理。处理好人际关系是每个人终其一生都要面对的课题，不同的人有不同的个性，和睦相处、平等相待算是基本的前提，而把不同的人团结在一起，齐心协力为着一个既定的目标而奋斗，才能在未来的社会里挣得立足之地。

至于阅读写作，则是用智者先贤的经验体会来过滤自己当下的所见所思，也是丰富自己内心世界的最重要的方式。王朔曾说"青春的岁月像条河，可流着流着就成混汤了"，而阅读写作则是年轻大学生保持清澈本源的不二之选。

南怀瑾先生有句名言："风月无古今，情怀自浅深。"做一位有情怀的人，是许多人有意无意间的追求，也是个人修为提升后的必然呈现。

电影《肖申克的救赎》里，一群狱友坐在楼顶上喝着啤酒，享受着安迪带给大家的片刻自由，安迪则坐在阴凉处静静地微笑，看着他们"阳光洒肩上，仿佛自由人"。一直到后来安迪越狱成功重获自由，给读者、观众的感觉是，他似乎在事中，又似乎在局外，他始终从一个更高、更广阔的视角来审视和规划自己的人生。安迪是一个有情怀的人，即便是铁窗禁锢，他也依然熠熠生辉，始终闪耀着希望与自由的光芒。有人把情怀解释为"能爱人、能修己是为情，能容人、能克己是为怀"，我觉得非常贴切。

周康上大一时，我曾经跟他聊过情怀为何物。他撇撇嘴笑了，说他们高中时就写过关于情怀的作文。譬如周总理少年时"为中华之崛起而读书"的爱国情怀，老杜"安得广厦千万间，大庇天下寒士俱欢颜"的忧国忧民情怀。然而，他认为情怀可以写进应试作文里，写成文章，写得天花乱坠，但对他们00后来说，在现实生活里大讲情怀就有点太高大上、太高调了。做好自己眼前的事，努力提升自己的实力，在未来的社会里站稳了，才有机会谈情怀。有研究表明，00后大学生这一代人是有家国情怀的，并且在不同的地方、领域都有体现。同时，他们也是拙于言、敏于行的，他们的情怀处于自发而不自觉的状态。

三年疫情结束，周康已经大四了，他在看完乔治·帕克写的《下沉年代》之后推荐给我看。我问他，为什么觉得这本书不错，他认为作者的观察很深入，通过一系列普通人来描写"美国梦"的失落，对如今的国人很有借鉴意义。他还开玩笑说，老爸总是教育他要爱国，要为国家做贡献，这些太遥远了，但他包子、饺子和面条天天吃也不觉得厌烦，汉堡和薯条只会偶尔尝尝，这也算是另外一种爱国情怀吧。

也许吧。当今时代承平日久，庆幸我们不是处在战火纷飞的俄乌边境地带，做好自己分内的事，不给别人添乱，不给团队添乱，就是不给国家添乱了。如果个人还有能力和智慧，能为国家和社会事业多添一把火，多砌一块砖，多一些爱心，多一些能量，等将来回首往事的时候有所欣慰，也就可以了。

情怀并不需要多么高大上的呈现。虽然人生的舞台上每个人既是演员又是观众，但戏里戏外都透着真善美的气息，才是此生无悔的最佳注解。上大学是为了更好地步入社会，也是为了走更远的路，看更好的风景，遇见更有智慧的人，接触更加广阔的世界，完成更高的理想追求，实现更多的人生梦想，如此而已。

一封家信，愿大四的你不负韶华

康儿：

这是老爸给你写的第三封信吧，上一封信还是 4 年前的 2018 年的 10 月 10 日，你高三的成人礼前。4 年时间转瞬即逝，如今你已进入大四，毕业在即且去向已定，跟大多数同龄人相比，你无疑是他们中的佼佼者，用自己的勤奋和汗水铺就了自己的成功之路。老爸老妈为你取得的成绩感到自豪和骄傲！

大学阶段是最青春、最阳光的，朝气蓬勃、神采飞扬、活力四射、热情奔放，不断学习、不断进步、不断积累人生资本是青年时代的特征，而反躬自省，发现自身的问题，及时地修正改变自己，则是整个人生都要坚持的生活态度。毕竟，人的一生就是一个不断完善自我的过程。

在上一封信里，老爸谈到了勤奋、乐观、诚信、宽容、修养、健康这六个方面，有些已经成为你性格的一部分，有些还需要继续拓展，想来你自己也是有清醒认识的。时隔 4 年，老爸想跟你聊聊另外几个方面，不是说你这些方面欠缺，而是希望你能够做得更好。

1. 勤勉

业精于勤而荒于嬉，行成于思而毁于随。想要有所成就，就不能放松对自己的要求，不能沉湎于过去的成绩，而应该及早规划好自己的学业目标，孜孜以求，勉励自己不忘初心，为自己的理想添砖加瓦。勤勉在我的理解里，不但要有勤奋，还要有自我勉励的意思。未来并不总是一帆风顺，摔跤和撞墙的事情防不胜防，且一定会发生。唯有勤劳奋进、自我检点、自我改进，才能助你如愿前行。

2. 兴趣

兴趣是最好的老师，"成功的真正秘诀在于兴趣"。你要尽快对你的博士研究方向培养起兴趣来，捕捉其前沿发展的蛛丝马迹，跟上它、抓住它、弄懂它、超越它。唯有如此，你才能在未来的职场和学界里站住、站稳。课余时间还要培养自己的其他兴趣，如跑步、打球、棋类等，从中找到生活的乐趣。要知道，你不可能把自己的乐趣永远寄托在游戏和美食上，随着年龄的增长，要适时地调整自己的状态，使自己快乐起来，有趣起来。安身立命，我的理解是能让自己的物质生活得到满足，也能让自己找到人生的价值与使命，同时还能让自己的精神世界也得到满足。

3. 气质

气质实际上是指人格心理特征，包括性格、态度、智慧等。人的行为举止、谈吐表达等，都是气质的外在表现，气宇轩昂、温文尔雅的人总会让人可敬而亲近，你也会很容易就分辨出不同人的气质差异。譬如周恩来总理，他的眼神、笑容、言辞以及神态，不只是跟他的传奇经历有关系，更多的是他的知识、经验、睿智以及他驾驭复杂环境的能力等的外显。

气质不仅仅是外在表现，更多的是个人内在的智慧、情感、自信等因素的自然发散。要多读书、读好书，提升自己的内涵，要多参加集体活动，提升自己的人际交往能力，要发展兴趣爱好来陶冶自己的情操，加强体育锻炼来强健自己的身心，不怕吃苦不怕受累。唯有如此，你才能在未来的学习和生活中展现出你的亲和力，你的综合素质，才能更好地适应多变的社会。你还年轻，还有时间做得更好，让自己更加神采飞扬。发现问题并采取措施，才是直面人生的正确态度。

4. 关爱

永远不要做一个不闻不问、天马行空、唯我独尊、自私自利的人。人是群体性动物，失去了关爱，就得不到群体的回馈。即便是骄傲的狮子，一旦被狮群抛弃，很快就会被大自然所淘汰。关注你周围的世界，尊重自然与社会的法则，理解别人的疾苦与需求，付出你的爱心，力所能及地帮助那些需要帮助的人。《增广贤文》说："心存善念，必有善行；善念善行，天必佑之。"你怎样对待这个世界，这个世界就会怎样对待你。给予别人温暖和关爱，你收获的不仅仅是助人的快乐，还会有未来不期而遇的惊喜。

但行好事，莫问前程，做在当下，收获未来。

儿，你未来的路还很长，决定你走得更远的不仅仅是你的学识，更多的是你对社会的认识与把握，还在于你的力量、你的坚韧、你的胸怀。力量使你能够站稳，坚韧使你能够远行，胸怀使你能够承受坎坷与挫折，始终专注于自己的目标并为之努力。

儿，大四到直博毕业还有五年多的时间，希望你能从不问阴晴冷暖、不谙世事的学生，成长为与所在的环境相宜，与所处的组织和谐相处的社会达人。俗语说，世事洞明皆学问，人情练达即文章，其实指出了情商在未来发展中的重要性。

儿，还记得你小时候上学时老爸送你的那句话吗？

一天快乐！祝你天天快乐！

老爸

2022 年 10 月 18 日

一路陪伴到清北

回顾与反思 5

我和妻都已经参加工作二十多年了，曾经的校园、老师和青春岁月都只能在回忆中闪现。如今，好多曾经的同学连名字都叫不上，更别提微分、积分与冲量、惯量这些数学物理名词了。七年前我曾回到高中校园，当年的教学楼还在，食堂、宿舍等都挪了位置或重新翻盖，好几位任课老师也已经驾鹤而去。物是人非，怀旧的同时更多的是叹息。大学校园也是一样，十多年前回去了一趟，竟然在校园里迷路了。它的日新月异，渐次抹去了我们曾经生活、学习的痕迹，也只有学校档案室里那几页泛黄的纸张，还留存了每位学子熙熙攘攘的过往。

但是 00 后的年轻人还是要有"读万卷书走万里路"情怀的，道阻且长，行则将至，行而不辍，未来可期。我跟周康讲得比较多的，是未来他将要面对的环境和压力。京城大部分孩子的未来应该不会太差，但是要过好自己的生活、做好自己的事情，却未必尽如人意。想要快乐地生活，就要能够适应未来所处的环境，有点追求、有点梦想，总在努力前进，有所成就、有所回报，这可能才是大家共同期待的未来吧。

在清华大学2021级本科新生开学典礼上，教师代表梅赐琪教授的讲话没有谈"成功"，而谈了"失败"。他说，失败会让你看见自己能力的边界，会让你看到输赢之外的风景，很有可能也让你看到了自己以外的世界，失败会让你重新审视自己，摆正人生态度，包容、欣赏、互助、协作，这就是挫折与失败带给人生的积极意义。

回顾周康的大学四年，他的每学期课表和年度成绩还都会发给我看，他也会跟我聊他们班级和宿舍的趣事以有学校发生的一些大事，譬如习大大去清华了，他们同学在现场等。但我知道，他一定也经历过不同程度的挫折与失望，有些是无意为之，有些是无力为之，至于是否化解得好，只有他自己心里清楚。失败是成功之母对常人来说其实不太适用，因为大部分人失败之后通常就放弃了，但是对于年轻人来说，撞墙、摔跤、磕脑袋之类的教训，对他们的成长是有好处的，吃一堑长一智，踩着教训前进，才能走得更远。

清华每年都有特等奖学金和年度人物评选，每一个候选人的履历都堪称神仙级别。周康说过，清华卧虎藏龙，厉害的人多了，因此学别人是学不来的，做好自己的事就行。他在大四争取保研的时候，制作了个人简历曾发给我看，其中，他在学工与社团方面：担任班级文艺委员，负责班级学生节节目的策划和制作，加入系学生科协智能体部，主策划科协智能体大赛的筹备工作；在科研实践方面：参与了系学术新星计划，第二作者署名发表论文一篇，在快手公司实习八周，参与企业科研项目；前三年的绩点接近 3.84，专业排名在 28% 左右，获得三次校级奖学金……他的这些收获，跟校园里的大神比肯定还有很大差距，但与他入学时我们的期望相比，还算是完成得不错。平淡从容才是真，也算是我们全家人的心态写照吧。

大学这四年，是他人生中最自由和包容的时段，是他脱胎换骨的最佳时期，也是他积蓄能量、资源，提升本领、素质的最佳时期。网络上有不少大学期间应该做哪些事的帖子，归纳起来不外乎学好专业知识、养成运动习惯、加入社团组织、结交朋友知己、参与社会实践、尝试打工兼职、远足与旅行等，我理解这些行事的宗旨，其实是围绕着两个主要目标：一是培养良好的学习生活习惯，二是培养人际交往能力与团结协作精神。当然，其中还包含一个更高阶、更核心的任务，那就是形成独立思考、有谋断的性格特质，以及乐观进取、兼爱包容、有格局、有涵养的人文情怀。

有进取的，就有躺平的。如今也有不少大学生正过着"颓废式"的生活，对社会关注不够，对身边的人关心不够，对未来思考不够，对提升自己素质兴趣不高，蜷缩在自己的世界里，用"做好我自己就可以了"来掩饰自己的懒惰、懈怠，可能还有怯懦。他们选择这样的生活方式，其实来源于他们对生活、未来没有一个明确的规划，因而出现得过且过的心态。给自己设置一个目标，比如必须在大学中完成一项有意义的事情，然后有计划地去生活，每天都在进步，才不辜负这段美好的大学时光。

我一直希望周康在大学期间能够培养和发展更多的兴趣爱好，因为良好的兴趣爱好能够影响人，特别是年轻人的品格性情发展，由此带来的成就感、愉悦感对个体的身心健康也大有益处。从另一方面来看，涉猎广泛可以拓宽视野，避免以狭隘或者片面的视角来度量现实世界。

未来的日子大部分都会平淡无奇，王朔曾经说过"你必须内心丰富，才能摆脱这些生活表面的相似"，此话有理。周康假期在家的时候做得更多的是学习、游戏、阅读与观影，到户外走走的时间不是很多，也许他有自己的独处与快乐之道吧。

　　清华计算机系大一新生舞会是一个清华传统节目，一般在国庆节前举行。周康的舞伴是他高中另外一个班的同届同学，一位漂亮的北大计算机专业女生。到大二的国庆节前，周康跟我和妻坦白了他有女朋友的事实，我和妻都感到高兴。一想到已经沦陷成相亲群的所谓家长群，我们终于可以隔岸观火、作壁上观，感觉还是有些酸爽的。四年下来，两个孩子相处得很好，他们关注彼此的同时自己也在成长成熟，周康能够把握住这份感情，能够感受到爱人和被爱，能够在学业和爱情之间做好平衡，我觉得这也是他大学四年最大的收获之一。

　　时代不同了，对于 00 后的年轻人来说，如果有机缘，要学会如何去爱一个人，学会妥协与谦让，学会处理二人亲密关系中的问题和矛盾，这既是个人成长的重要内容，也是未来幸福的重要课程。

大学阶段陪伴大总结

坚持 不要把希望寄托在学校身上，要自己去发展自己，天天都有进步不大可能，但是日积月累地坚持下来，一年过后再看看自己的进步是多是少，就这样审视自己走过的路，就可以了。

目标 给自己设置一个目标，比如必须在大学中完成一项有意义的事情，然后有计划地去生活，每天都在进步，才不辜负这段美好的大学时光。

自发 在大学里，学生真正的学习动力一定是发自内心的：我对这个专业很有兴趣，我对专业所对应的行业充满了期待，特别想进入我喜欢的行业、公司施展我的才华，成为行业翘楚。当学生有了这个动力的时候，他自然而然地会为他的目标努力。

情商 大学是培养个人情商和情感的最佳场所，积极参与实践活动、处理好人际关系、阅读与写作是提升自身的几个主要途径，参加社团活动、体育比赛与运动、实习以及担任社工与志愿者等，也是大学生学习待人接物、锤炼自己的绝好机会。

| 幼稚 | 大学生较为明显的特点是书生气十足，而社会经验不足。如果在学校的小环境里能够做到理解与尊重他人，未来进入职场社会应该就能适应得更好、更快一些。 |

| 规划 | 大学期间应该做哪些事？归纳起来不外乎学好专业知识、养成运动习惯、加入社团组织、结交朋友知己、参与社会实践、尝试打工兼职、远足与旅行等。 |

| 气质 | 多读书、读好书，提升自己的内涵，多参加集体活动，提升自己的人际交往能力，发展兴趣爱好来陶冶自己的情操，加强体育锻炼来强健自己的身心——气质不仅仅是外在的表现，更多是个人内在的智慧、情感、自信等因素的自然发散。 |

| 视野 | 失败会让你看见自己能力的边界，会让你看到输赢之外的风景，很有可能也让你看到了自己以外的世界，失败会让你重新审视自己，摆正人生态度，包容、欣赏、互助、协作，这就是挫折与失败带给人生的积极意义。 |

结束语

"草木会发芽,孩子会长大,岁月的列车,不为谁停下……"电视剧《人世间》播出时,感动了无数个家庭。周秉义、周蓉、周秉昆,分别演绎了普通家庭的孩子不同的人生道路。几十集播下来,一切又都归于平淡,曾经的荣耀和光环都消散在尘埃里,父子、母子、兄妹、爱人,各种亲情交织在一起,使人唏嘘、赞叹,难以忘怀。

这部电视剧太过催泪,我和妻都没有坚持看完。后来我买了梁晓声的原版图书,大概用了三个月的时间看完。周秉昆这个人物善良而又平庸,他以平凡而又普通的方式,对父母、对亲人、对朋友、对孩子倾注了自己全部的身心和力量,他把最深沉的爱倾注于无所不在的陪伴里,赢得了读者与观众的泪水和掌声,也赢得了人世间真正的成功。

你的一生中会有不少人陪伴着你,和你一起生活、学习、工作、消闲,小伙伴、同学、老师、同事、朋友、家人,他们会在不同的时段里伴随着你,一起成长,一起喜怒，甚至一起变老。有些人会向你投来关注的目光，有些人会伸出热情的双手，有些人会离你而去，有些人则会再度重逢。来来去去，熙熙攘攘，终你一生，始终牵挂你的和你始终牵挂的人，只有自己的父母、爱人和孩子。绝大多数情况下，他们对你不离不弃、始终如一，或者陪伴你出生，或者陪伴你直到生命的终结。

生命是短暂的，因而值得珍惜，值得我们投入爱和真诚给那些陪伴我们的人。我们观察他们，了解他们，感知他们的悲欢，倾听他们的心声，在他们不能自理的时候支撑起他们的生活，在他们能够奔跑的时候为他们保驾护航，在他们登上舞台的时候为他们加油点赞。父母是我们的过去，孩子是我们的未来，敬畏我们的过去，培育我们的未来，需要我们尽心尽力地投入。我们用心的陪伴如同绵绵春雨，润物细无声，却能化育出满园春色。

日本教育学家木村久一有句名言：家庭应该是爱、欢乐和笑的殿堂。我和妻结婚已经 25 年了，周康也已经 23 周岁，二十多年的风雨相伴，有许许多多的习惯与爱好已经潜移默化为三人之间的默契或约定，过着平凡的生活，追求着简朴而快乐的心境，尽量把日子过得有滋有味，大家一起向善、向上、向好，不给别人添乱，不给社会添乱，尽职尽责，做好自己份内的事，如果有能力、有爱心，再帮衬一下别人，就更完美了。

近些年来，年轻人好像不愿意生孩子了。随着二胎、三胎政策的施行，人口出生率并没有增加，反而有负增长的趋势。对此有位专家说，年轻人不生小孩是不对的，按照行为经济学的观点，子女是长周期的消费品，是可以带来长久回报的耐用消费品。此言一出，立刻成了舆论关注的热点，评论区什么样的说法都有，热闹得很。

我觉得，生孩子、养育子女跟人要吃饭睡觉一样，是天经地义、自然而然的事情，心之所系就去做，没必要去问为什么要生孩子，为什么不生孩子。我的理解是，生命因短暂而宝贵，因宝贵而要珍惜，生命的传递与交替能够带给自己和世界以新的希望，有希望才有可能快乐，有快乐才有可能抚慰那生死离别的痛楚。

几千年来，中国社会的发展一直遵循着"你养我小，我养你老，你陪我长大，我陪你变老"的代际轮替方式，守护孩子的成长是父母天经地义的责任，用心陪伴、倾情关注才能使孩子经历风雨、走向未来。哲人周国平在访谈节目里谈到亲子关系时认为，最好的亲子关系是做孩子的朋友，如果孩子也肯把父母当做朋友，那就是做父母的最高境界了。周国平说：真正的爱，是对独立灵魂的尊重，让孩子成为一个善良、丰富、高贵的人。给孩子一个明亮的童年，就是给我们所有人足够的底气去面对未来。

在涉及亲子的阅读方面，除了《人世间》，汪曾祺先生的散文《多年父子成兄弟》，杨绛先生的《我们仨》，以及卜劳恩的漫画名作《父与子》，都是值得一读的。

祝如愿！

后记　我爱我家

　　回望从懵懂到成人的二十多年时光，学业上的顺利虽然宝贵，但良好的家庭关系和自信乐观的性格才是我今后人生中最宝贵、最无可替代的助力。以我几年来的观察，即使是身边的清北同学亦不能躲开人生的烦恼：在校园和社会中发光发热者不少，默默无闻者更多，心灰意冷、精神抑郁乃至自寻短见者更不在少数。人们总是仰望他们身上炫目的光辉，却忽视了他们也是一个个有自己情感和内心世界的普通人，而不是冷冰冰的做题机器、科研机器、赚钱机器。学历和知识不能帮助他们度过对人格和心灵的考验，更不能代替他们成为一个更好的人。因此，一个人能够有怎样的作为，能够获得多少的幸福，归根到底还是要看他自己的性格。

　　性格的养成又与个人成长的经历密切相关，确切地说，性格是在个人对周围环境的回应中形成的。在环境中，家庭往往起到了主导作用。在一个个体能够拥有独立的世界之前，家庭就是他无法选择的坐标系，他正是在这个坐标系中评判自己的行为，做出自己的选择。在我所观察到的同龄人中，在良好家庭环境中长大的同学往往是快乐而幸福的，而那些不幸者常常被他们家庭的阴影所笼罩。以我浅薄的人生经历，恐怕难以为不理想的家庭给出建议，我只能在以下的行文中尽我所能描述我身处的良好家庭关系，以及我如何从这样的幸福家庭中获益。

好的家庭充满快乐的氛围，这是我和我的父母都极为看重的。从我上小学开始，每天放学归来后，他们都会询问我一天有哪些快乐的事、哪些有趣的事。当然，未必每天都有值得一提的快乐，即使有往往也是极小的琐事。但当它发生的时候，年幼的我会小心地珍藏哪怕再微小的一点快乐，等到回家后向他们分享。在这个过程中，我感受到的快乐就在回味与诉说中翻倍了。他们没有主动去说，但我注意到另一件事也同等重要：父母在家中也是快乐的。在饭桌上，他们会分享工作上和朋友间的新鲜事，却不会把一家三口的相处时间用来抱怨自己的压力和挫折。他们不说，难道就代表这些不快不存在吗？当然不是，我往往是在许多年之后才了解到，家庭当时并不宽裕的处境和贷款的压力。**但是在家庭中倾泻负面情绪，只能污染和伤害最亲密的人，丝毫无益于解决真正的问题。相反，一个温暖、欢乐的家庭才是躲避外界压力的港湾。**我并不认为他们是为了我而刻意地掩埋负面情绪，而是他们自己也从彼此的快乐中获益。好的家庭氛围绝不是依靠单方面的付出和忍让来维护的，而是每个人都在付出，每个人都在收获。到今天，我仍然善于在平淡的学习生活中找到哪怕些微的快乐，即使面对课业和科研的繁重压力，也能时刻调整自己的心态。

　　好的家庭互相尊重、互相包容。不论是我还是父母，谁也免不了出错，有时这些错误的代价还颇为昂贵。对于小的错误，尤其是那些粗心大意导致的问题，我们都会当天在饭桌上一笑置之，父母从不会因为这些小事责骂我或者彼此。当错误本身在欢声笑语中翻了篇，谁也不会觉得难堪，多年以后我们或许还会回忆起此事，然后会心一笑。当我犯下严重的错误时，父母会严肃地批评我的错误，但仅限于错误本身以及如何避免同样的错误。他们绝不会因为个别的错误而否定我的整体人格，即使我有时不认同他们的批评和说教，也不会因此对他们产生怨恨。**在一些生活问题上，我们有着不同的看法，假如不能求同存异、达成共识，他们也不会动用权威来逼迫我就范。**就如在高中时，我因为不满食堂的口味而经常点外卖，父亲认为经常吃外卖对身体不好而表示反对，而我当时选择背着他偷偷享用。有时不小心被他发现，也只不过落得几句轻飘飘的说教。他不会对我无视他的反对过分纠结，也不会真的采取什么行动确保我不违背他的想法，这就避免了家庭内部无意义的内耗。家人之间的融洽相处模式也影响了我之后的待人处事，令我倾向于对身边的人采取包容的态度，绝不会因为个别的小事而斤斤计较。这使我总能够和各种各样的人融洽相处，并在他们那里得到不错的评价。

好的家庭互相信任来提供确定性。小时候，当我想要什么，我和父母会商议如何得到它并做出计划：每周玩一次游戏、每学期买一次玩具、考得好吃一次大餐，等等。**父母总会兑现计划中的承诺，因此我也就愿意带着期待等待着它的实现，并且履行承诺中属于我的部分。**我和父母都相信彼此能够实现自己的期望，因此也就没有必要通过强迫的方式去执行。在我的成长中，没有任何东西是需要靠哭、闹、抢才能取得的。因而，我习惯于为自己的生活制定计划并一步步实现计划，哪怕在独处时，我也对自己的生活有着不错的**自控力**。这种**自控力并非刻意培养的结果，而是在一次次计划－期待－满足的正向循环中逐步养成的习惯。**假如没有这样的正向反馈，假如我控制自己耐心等待的努力没有得到期待的结果，那么自控也就无从谈起了。此外，我和父母间的信任也是双向的：父母相信我能够掌控好自己的生活，那么我自然就得到了更多的自由空间。即使是在高考前几天的居家复习中，我也依然在完成自己的复习计划后适度地玩手机放松身心。父母并没有阻止我，我也不需要背着他们偷偷玩乐，他们相信我，而我也相信自己，这使我能够更加从容地走进考场。

好的家庭不过分追求功利与目的性。在成长过程中，父母尝试过给我报一些兴趣班，大多数我都没能坚持学下去。他们看到我并不长于绘画、声乐这些项目，也就自然而然地放弃了，没有继续强求。后来我开始学习信息学并参加竞赛，从小学一路坚持到高中，一方面是为了获得成绩以利于升学，另一方面则是因为我能够从中获得快乐和成就感。对于课内学习，父母也从来没有要求我将全部精力都投入到上面，更不会因为我在考试中偶尔的粗心大意而大发雷霆。即使在高三的繁重学习间隙，我仍然能够得到充分的放松而不是时刻紧绷神经，我所阅读的课外书更是出人意料地提供了高考作文的绝佳思路。**父母并不以最终的成绩作为绝对的评价标准，使我能够以平常心面对一切挑战。**我并不清楚这样的心态是否真的促进了我在考场上的发挥，但这的确有利于我的身心健康，塑造了我平和稳重的性格。更重要的是，高考没有成为我前十八年人生中唯一的目标。在高考过后，我还可以继续提升自己的知识，培养自己的兴趣，我的生活并没有因为外部压力的骤然消失而截断。**父母和我都清楚，对我来说，成为更好的人才是更长久的人生目标。**倘若为了升学而不顾一切地投入学习，未必能够取得更好的成绩，反而会对我的心灵和性格造成持久的伤害。

父母常说，他们既是我的家人，也是我的朋友。作为家人，他们带着爱陪伴我长大，为我遮风挡雨；作为朋友，我们彼此尊重，互相分享生活。如今，尽管我和他们的世界正逐渐分离，我们之间轻松愉快的相处方式仍然没有改变。在家中，我永远能够从他们那里获得快乐和支持；当我独自一人时，我也已经准备好面对学习和生活的一切挑战。家庭给予我最珍贵的财富不是金钱，而是它本身，是它塑造了如今的我。我可以毫不犹豫地说，在这样的家庭里出生、长大，是我最大的幸运。

周康